Andrea Buchspieß

Australien – Reisen und Jobben mit dem Working Holiday Visum

129/as Abb. 1a. Tourism Australia Copyright

W0231356

„Man ist so stark und mächtig,
wie man sich zu sein erlaubt.
Und: Der schwierigste Teil jedes Vorhabens
ist der erste Schritt, die erste Entscheidung."

Robyn Davidson, „Spuren"

Impressum

Andrea Buchspieß
REISE KNOW-HOW Australien – Reisen und
Jobben mit dem Working Holiday Visum
erschienen im
REISE KNOW-HOW Verlag
Peter Rump GmbH, Bielefeld
Osnabrücker Straße 79, 33649 Bielefeld

Herausgeber: Klaus Werner

© Peter Rump 2004, 2005, 2006, 2007, 2008,
2010, 2011, 2012, 2013
**10., neu bearbeitete,
aktualisierte Auflage 2015**
Alle Rechte vorbehalten.

Gestaltung
Umschlag: G. Pawlak, P. Rump (Layout),
K. Werner (Realisierung)
Inhalt: G. Pawlak (Layout),
amundo media GmbH (Realisierung)
Fotos: siehe Bildnachweis S. 179
Karten: der Verlag, amundo media GmbH

Lektorat
amundo media GmbH

Druck und Bindung
Wilhelm & Adam, Heusenstamm

ISBN 978-3-8317-2277-8
Printed in Germany

Dieses Buch ist erhältlich in jeder Buchhand-
lung Deutschlands, Österreichs, der Schweiz,
Belgiens und der Niederlande.
Bitte informieren Sie Ihren Buchhändler
über folgende Bezugsadressen:

Deutschland
Prolit GmbH, Postfach 9,
D-35461 Fernwald (Annerod)
sowie alle Barsortimente
Schweiz
AVA Verlagsauslieferung AG,
Postfach 27, CH-8910 Affoltern
Österreich
Mohr Morawa Buchvertrieb GmbH,
Sulzengasse 2, A-1230 Wien
Niederlande, Belgien
Willems Adventure
www.willemsadventure.nl

Wer im Buchhandel trotzdem kein Glück hat,
bekommt unsere Bücher auch über unseren
Internetshop: www.reise-know-how.de

12Aas Abb: 1a, Australia's Coral Coast– Tourism Australia

*Wir freuen uns über Kritik,
Kommentare und Verbesserungs-
vorschläge, gern auch per E-Mail an
info@reise-know-how.de.*

*Alle Informationen in diesem Buch
sind von der Autorin mit größter
Sorgfalt gesammelt und vom Lektorat
des Verlages gewissenhaft bearbeitet
und überprüft worden.*

Andrea Buchspieß

Australien – Reisen und Jobben

mit dem Working Holiday Visum

Vorwort

Australien? Dort gibt es viele Kängurus und auch Koalas, die den ganzen Tag in Eukalyptusbäumen rumhängen. Es gibt das Outback mit rotem Sand und dem Riesenmonolith Ayers Rock. Da wäre noch Sydney mit dem berühmten Opernhaus. Es gibt eine Hauptstadt – wie heißt die doch gleich noch mal? Es gibt ganz guten Wein ...

... und es gibt sooo viel mehr. Australien – kleinster Kontinent und „größte Insel" der Erde – ist riesengroß und voller Geheimnisse und Überraschungen. Um all die unbeschreiblich schönen Naturwunder zu bestaunen, die einzigartige Tier- und Pflanzenwelt zu erforschen, über Geschichte und Kultur des Landes zu erfahren und die Gastfreundschaft der Australier zu genießen, braucht man wahrscheinlich Jahre – zumindest sollte man sich aber einige Monate Zeit lassen.

Wer hat nicht schon mal über ein Sabbatical, eine längere Auszeit vom Berufsleben, nachgedacht? Oder mit ein paar aufregenden Abenteuern vor dem Beginn eines neuen Lebensabschnittes, wie beispielsweise dem Studium oder dem ersten Job, geliebäugelt? Dieses Praxis-Handbuch soll Mut machen, den

Ausstieg zu wagen, um Australien intensiv erleben zu können.

Neben vielen Tipps zur Reiseplanung und -vorbereitung gibt es Hinweise für einen erfolgreichen Reisestart und einen ersten Vorgeschmack auf das Leben eines Backpackers/eines Individualreisenden in Australien. In dieses Buch sind viele persönliche Erfahrungen von Backpackern eingeflossen, um praxiserprobte Tipps geben zu können. Sei es nun für Leute, die drei Monate intensiv reisen wollen und dafür mit ihrem Arbeitgeber ein Langzeitkonto aushandeln oder jene, die ein ganzes Jahr in Australien leben und auch arbeiten möchten. Natürlich steckt jeder in einer etwas anderen Situation und muss sich individuell vorbereiten. Dieses Buch wird daher nicht auf alle Fragen eine Antwort geben können. Dafür aber Denkanstöße: Was ist zu beachten? Woran muss ich alles denken? An wen kann ich mich wenden? Wo erhalte ich weitere Informationen?

Derartig vorbereitet, sollte der Entscheidung für eine Auszeit in Australien und für eine ganz besondere Erfahrung nichts mehr im Wege stehen.

Lassen Sie Ihren Traum wahr werden – auf nach Down Under!

Andrea Buchspieß

Hinweise zur Benutzung

Bei Preisangaben im Text steht die Abkürzung $ für **Australische Dollar.** Der Wert eines Australischen Dollars entspricht zum Redaktionsschluss (Ende 2014) ca. 0,70 Euro bzw. 0,84 Schweizer Franken. Den tagesaktuellen Wechselkurs kann man u. a. bei www.oanda.com über den „Currency Converter" abrufen.

Inhalt

Vor-
überlegungen

◁ Die australische Flagge auf einem Strandhäuschen
(71as Abb.: fo, © Instinia – Fotolia.com)

Entscheidungsfindung: Soll ich wirklich?

Wer will nicht gern mal für eine Weile **aussteigen?** Einfach in die Welt reisen, neue Erfahrungen sammeln und fernab vom Alltagsstress die Seele baumeln lassen. Gerade wenn man schon im Berufsleben steht, ist ein Ausstieg auf Zeit jedoch mit großen Fragezeichen und Unsicherheiten verbunden. Auf der einen Seite möchte man sich einen Traum erfüllen, auf der anderen Seite steht die Absicherung im sozialen Netz und die Lebens- und Karriereplanung. Viele Fragen und das Nachdenken über mögliche Konsequenzen machen die Entscheidung nicht leicht, bedeuten aber gleichzeitig auch eine gute Vorbereitung. Wer rechtzeitig und in aller Ruhe Zweifel ausräumt und Vorsorgemaßnahmen trifft, wird später keine bösen Überraschungen erleben.

Entscheidungshilfen

- *Mit Gleichgesinnten im Freundeskreis, in Internetforen und bei Informationsveranstaltungen sprechen.*
- *Den Kontakt zu Leuten suchen, die einen solchen Schritt schon gewagt haben, ihre Erfahrungen weitergeben und Mut machen können.*
- *Reiseführer lesen, Bildbände, Videos und Fernsehdokumentationen anschauen und träumen. All das könnte man bald mit eigenen Augen sehen.*
- *Ziele konkret aufschreiben – so sieht man klarer.*
- *Gibt es wirklich wichtige Gründe, die gegen einen Ausstieg sprechen? Können diese Gründe beseitigt werden? Wäre ein späterer Zeitpunkt tatsächlich besser?*
- *Alle Gründe aufschreiben, die dafür sprechen! Und vor allem immer daran denken, was einem gut tut.*
- *Wer will sich später sagen müssen: Hätte ich nur …?*

Und weg mit dem Vorurteil, dass Leute, die ein **Sabbatical** (s. S. 22) nehmen, faul und arbeitsscheu sind. Wenn man solche Kommentare heutzutage noch hören sollte, dann spricht daraus wohl eher ein bisschen Neid. Wichtig ist, dass man die Auszeit vor sich selbst rechtfertigen kann. Steht man ohne Wenn und Aber hinter der eigenen Entscheidung, lässt sich auch viel besser gegenüber dem Arbeitgeber oder der Familie argumentieren. Schließlich beweist man mit einer solchen Auszeit Mut zu Neuem – anderen und vor allem sich selbst gegenüber. Und das ist besser als ein lückenloser Lebenslauf. Wenn man sich nach der Rückkehr geschickt verkauft, kann der Australienaufenthalt durch die gemachten Erfahrungen und die getankte Energie sogar Pluspunkte bei der Bewerbung und beim Wiedereinstieg bringen.

Wann ist der richtige Zeitpunkt?

Viele wählen das Ende eines Lebens- oder Ausbildungsabschnittes als Zeitpunkt für eine Auszeit. Durch das Ende von Schule, Ausbildung, Studium oder den auslaufenden Mietvertrag bieten sich gute Gelegenheiten, einen längeren **Auslandsaufenthalt** einzuschieben. Wer ein Arbeitsverhältnis hat, sollte sich daran orientieren, wann einen der Arbeitgeber am ehesten entbehren kann. Wichtig ist das vor allem, wenn man wieder in derselben Firma anfangen oder eine Urlaubsregelung vereinbaren will. Dann muss man eventuell bei der Dauer der Auszeit Kompromisse eingehen. Ist eine Entscheidung über den Beginn und die Dauer der Reise gefallen, lohnt sich bei der Planung der konkreten Reiseroute ein Blick auf die Klimabedingungen in Australien, um gute Reisebedingungen und erträgliche Temperaturen vorzufinden (s. S. 69).

Welches Visum?

Für einen Aufenthalt in Australien benötigt man in jedem Fall ein Visum – und damit einen gültigen Reisepass. Es stehen verschiedene Visaoptionen zur Auswahl, die sich nach der geplanten **Dauer** der Reise und dem **Aufenthaltszweck** richten (Stand der Einreise- und Visabestimmungen Ende 2014). Da sich die Bestimmungen kurzfristig ändern können, sollte man sich immer aktuell bei den in diesem Kapitel genannten Adressen informieren.

Visitor Visa

Wer als **Tourist** nach Australien reisen möchte, Freunde, Verwandte besuchen oder ein kurzzeitiges Studium (z. B. Sprachschule) betreiben will, kann zwischen dem **eVisitor-Visum** für einen Aufenthalt von bis zu 3 Monaten oder dem **Visitor Visa** bis zu max. 12 Monaten wählen.

Das **eVisitor** (Subclass 651) – das man übrigens kostenlos erhält – wird online über die Website der Immigrationsbehörde (Department of Immigration and Citizenship, s. S. 16) beantragt. Es empfiehlt sich, das Visum mindestens zwei Wochen vor der geplanten Abreise zu beantragen. Das Visum gilt ab Ausstellungsdatum für 12 Monate und erlaubt mehrere Aufenthalte mit einer Länge von jeweils max. 3 Monaten.

Soll der Aufenthalt länger als 3 Monate dauern, kann man ein **Visitor Visa** (Subclass 600) für 6 oder 12 Monate beantragen (online möglich). Die Kosten belaufen sich auf ca. 130 $.

Achtung: Mit diesen Visa darf man nicht arbeiten – auch nicht als Au-Pair. Eine unbezahlte Beschäftigung, wie beispielsweise **Wwoofing** (s. S. 124) oder **Freiwilligenarbeit** (s. S. 126), ist aber möglich.

Working Holiday Visa

Sehr begehrt sind die Working Holiday Visa (WHV), die einen Aufenthalt von bis zu einem Jahr und das **Arbeiten** in Australien erlauben. Neben Deutschland haben folgende Länder ein solches Abkommen mit Australien geschlossen: UK, Kanada, die Niederlande, Japan, Irland, Südkorea, Malta, Dänemark, Schweden, Norwegen, China (nur Hongkong), Finnland, Zypern, Italien, Frankreich, Belgien, Estland und Taiwan. Es laufen Verhandlungen mit weiteren Ländern, doch bis auf weiteres ist das WHV für Österreicher und Schweizer nicht erhältlich.

TIPP

Aktuelle Informationen

Auf der Website der australischen Immigrationsbehörde findet man Infos zum aktuellen Stand des Working-Holiday-Visa-Programms:
www.immi.gov.au/visitors/
working-holiday

☑ Reiseziel:
Australien

070as Abb. fo. © Aleksandar Kosev – Fotolia.com

Wichtige Adressen

- *Australische Botschaft in Deutschland,*
  (auch für die Schweiz zuständig), Wallstraße 76–79, 10179 Berlin,
  Tel. 030 8800880, Fax 880088210, info.berlin@dfat.gov.au,
  Visainformationsdienst Tel. 069 222239958,
  www.germany.embassy.gov.au
- *Australische Botschaft in Österreich,*
  Mattiellistraße 2-4, 1040 Wien, Tel. 01 506740, Fax 5041178,
  visaquestions.vienna@dfat.gov.au, Visainformationsdienst Tel. 01 9287827,
  www.austria.embassy.gov.au

Auf den Internetseiten findet man alle wichtigen Infos zum Thema Visum, die Plattform zum Beantragen der Visa, Formulare und Infos zum Downloaden, eine Gebührenliste sowie Antworten auf häufig gestellte Fragen.

Das WHV muss beantragt werden, bevor man in Australien einreist. Die Beantragung erfolgt **online** über die Website der Immigrationsbehörde. Zuerst muss man sich bei **ImmiAccount** mit einem Usernamen und Passwort registrieren (www.immi.gov.au/Services/Pages/immiaccount.aspx), einige persönliche Angaben machen und Sicherheitsfragen beantworten. Das Webportal ImmiAccount wurde eingeführt, damit die Nutzer selbstständig Visa-Anträge ausfüllen, bezahlen und verwalten können. Wenn der Account einmal freigeschaltet worden ist, hat man mit seinem Log-in jederzeit Zugang, kann seinen Visa-Antrag stellen und später den Status des Antrags einsehen.

Die Bezahlung der **Gebühr** von ca. 420 $ bzw. 300 € läuft per Kreditkarte (nur Visa oder Master-Card). Bis zur Statusmeldung „Finalised" und da-

TIPP
Visaquote

Momentan gibt es für die meisten Länder keine zahlenmäßige Beschränkung der WHV. Trotzdem sollte man bis zur Visaerteilung möglichst noch keinen Flug buchen, den Job, die Wohnung o. Ä. kündigen. Die Behörden haften natürlich nicht für dadurch auftretende Schäden.

Bedingungen für die Erteilung eines WHV (subclass 417)

Der Antragsteller:

- *muss zwischen 18 und 30 Jahre alt sein (Bewerbung spätestens einen Tag vor dem 31. Geburtstag).*
- *darf beim Australienaufenthalt nicht von von ihm abhängigen Kindern begleitet werden. Hat man Kinder, muss die Visabeantragung über die Botschaft erfolgen (nicht online möglich).*
- *muss den Zweck des Aufenthaltes im Reisen sehen und die Arbeit zum Aufbessern der Reisekasse nutzen. (Es darf max. 6 Monate bei einer Firma gearbeitet werden. Die zeitliche Beschränkung für Studium/Ausbildung ist 4 Monate.)*
- *muss ausreichend Geldmittel, etwa 5000 $ und Mittel für den Flug, besitzen.*
- *muss gesund sein (Fragebogen). Wer im Bereich Medizin/Pflege, Kindergärten/Vorschulen arbeiten will, braucht einen Gesundheitsnachweis.*
- *darf keine kriminelle Vergangenheit haben.*

mit der Erteilung des Visums dauert es meist nur ein paar Minuten (manchmal aber auch Tage). In Ausnahmefällen kann es zu Wartezeiten von etwa vier Wochen kommen. Man erhält zusätzlich eine Bestätigungs-E-Mail, die eine **Visa Grant Number** und Hinweise zu den Visabedingungen beinhaltet. Diese Bestätigung sollte man gut aufbewahren.

Nach der Ankunft in Australien kann man sich seinen **Visa-Status** (über das System „Entitlement Verification Online" bzw. EVO) innerhalb seines Immi Accounts anzeigen lassen, beliebig oft ausdrucken und in den Pass legen. Dieser Ausdruck gilt für Arbeitgeber als Nachweis, dass man eine Arbeitserlaubnis in Australien besitzt. Arbeitgeber können auch selbst mit der Visa Grant Number online nachsehen, welchen Visa-Status der Bewerber hat.

Man kann sich auch in jedem Immigration Office das Visum als „Label" in den Pass kleben lassen, das kostet allerdings ca. 150 $.

Man sollte bei der Einreise nach Australien einen Kontoauszug mitführen, auf dem die für die Ertei-

Welches Visum?

Anlaufstellen in Australien

- *Deutsche Botschaft, Yarralumla, ACT 2600, Canberra, 119 Empire Circuit, Tel. +61 2 62701911, www.australien.diplo.de*
- *Österreichische Botschaft, Forrest, ACT 2603, Canberra, 12 Talbot Street, Tel. +61 2 62951533, www.austria.org.au*
- *Schweizer Botschaft, Forrest, ACT 2603, Canberra, 7 Melbourne Avenue, Tel. +61 2 61628400, www.eda.admin.ch/australia*
- *Department of Immigration and Citizenship (DIAC), National Office, PO Box 25, Belconnen, ACT 2616, Tel. 131881 (australienweit, Mo-Fr 8.30-16.30 Uhr), www.immi.gov.au*

---

lung des WHV vorgeschriebene Geldsumme nachgewiesen werden kann, denn diesen muss man evtl. auf Nachfrage vorzeigen.

Es ist auch eine **Beantragung des Visums per Post** oder persönlich in der Botschaft möglich (Infos dazu auf der Website der Botschaft, s. S. 14).

Ist das WHV erteilt hat man ab dem Tag der Genehmigung ein Jahr Zeit einzureisen. Ab dem Tag der Einreise zählt das Visum für **12 Monate.** Unterbrechungen – wenn man das Land verlässt – verlängern diese Frist nicht.

Die **Aufenthaltsdauer,** die im Visum angegeben ist, sollte auf keinen Fall überschritten werden. Eine eventuelle Verlängerung des Visums muss vor Ablauf des ursprünglich erteilten Visums beantragt werden. Ansonsten macht man sich strafbar, muss eine Geldbuße zahlen und kann für Jahre des Landes verwiesen werden. Das Gleiche kann passieren, wenn man ohne Erlaubnis arbeitet. Bei Visafragen während des Australienaufenthaltes hilft die Immigrationsbehörde oder die jeweilige Botschaft.

Second Working Holiday Visa

Man kann ein **zweites Working Holiday Visum** beantragen, wenn man in der Zeit des ersten WHV mindestens drei Monate ↗*specified work* (z. B. Farmarbeit, Arbeit im Bergbau) in ↗*regional Australia* geleistet hat und auch die üblichen Anforderungen für das WHV noch erfüllt. Auch *Wwoofing* kann unter Umständen – wenn die Farm ein landwirtschaftlicher Betrieb ist – anerkannt werden. Die Beantragung des

Regional Australia und Specified Work

Auf der Website der Immigrationsbehörde ist genau definiert, welche Bedingungen man für die Beantragung des zweiten WHV erfüllen muss: www.immi.gov.au/visitors/workingholiday/417/eligibility-second.htm

◁ Wer mindestens drei Monate auf Farmen gearbeitet hat, kann ein zweites Working Holiday Visum beantragen

Visums ist sowohl in Australien als auch von außerhalb möglich. Wenn man es in Australien beantragt, muss man auch in Australien sein, wenn das Visum erteilt wird. Beantragt man es von außerhalb, muss man sich bei der Erteilung auch entsprechend außerhalb Australiens aufhalten.

Die Gebühr ist die gleiche wie für das erste Working Holiday Visum und auch hier gilt, dass man höchstens 30 Jahre alt sein darf, wenn man das Visum beantragt.

Nähere Informationen erhält man bei der australischen Immigrationsbehörde. Auf deren Website oder in den Büros bekommt man das Formular **„Working Holiday Visa: Employment verification"** (Form 1263), auf dem man sich die geleistete Arbeit vom Arbeitgeber bestätigen lässt. Als Nachweis dienen auch beglaubigte Kopien oder Originale der Lohnabrechnungen, Steuerbescheide oder Arbeitszeugnisse. Wichtig ist, dass auf jedem Nachweis die Betriebsnummer des Arbeitgebers vermerkt ist (Australian Business Number, ABN).

Wer das zweite WHV gleich an das erste anschließt, muss beachten, dass er das zweite WHV rechtzeitig vor Ablauf des ersten beantragt.

Allein oder zu zweit?

Gleich vorweg: Heutzutage ist es völlig normal, allein zu reisen. Gerade in Australien sind viele Leute allein unterwegs. Man braucht – auch als Frau – weder Angst zu haben noch wird man schief angeschaut. Wer ohne Anhang reist, kann seine uneingeschränkte Freiheit genießen und Entscheidungen ohne Kompromisse treffen. Die Erfahrung, dass man allein zurechtkommt, stärkt das **Selbstbewusstsein.** Nebenbei kann man noch einige interessante Sachen über sich selbst herausfinden.

Natürlich möchte man sich manchmal gern mit jemandem über die Reiseeindrücke austauschen und oft machen Ausflüge mit mehreren Leuten noch mehr Spaß. Doch wer **Reisepartner** sucht, wird sie auch finden. Gerade wenn man allein unterwegs ist, lernt man sehr schnell Leute kennen. Sei es für eine nette Unterhaltung im Hostel oder für einen gemeinsamen Reiseabschnitt. Diese neuen Freundschaften sind eine Bereicherung und einer der schönsten Gründe zum Reisen.

Vielleicht ist die Reise mit Freund oder Freundin sogar noch ein größeres **Wagnis** als allein. Es kann leicht passieren, dass während der Reise unterschiedliche Interessen zutage kommen und dann sind Streit und Stress vorprogrammiert. Wenn es jedoch gut klappt, hat man eine Freundschaft fürs ganze Leben gewonnen.

Egal ob allein oder mit Partner, man übt sich beim Reisen auf alle Fälle in Offenheit und Toleranz.

Auf eigene Faust oder mit einer Organisation?

Wer mit einem WHV nach Australien reisen will, sollte sich diese Frage gleich am Anfang der Planung stellen. Seit der Einführung des WHV wurden etliche **Organisationen** gegründet, deren Programme eine problemlose Durchführung des Australienaufenthaltes versprechen.

Sie bieten Hilfe bei der Beantragung des WHV, die Buchung von Flug und erster Unterkunft in Australien, Auslandsversicherung, evtl. auch Übernachtung und Programm bei einem Zwischen-

TIPP

Es gibt keine falsche Entscheidung

Man muss nur dazu stehen. Einige tragen stolz das gesponserte T-Shirt und freuen sich, Programmteilnehmer zu treffen, andere verschwenden keinen Gedanken an „spießige, teure" Organisationen und manche nutzen deren Vorteile und machen ansonsten unabhängig ihr Ding.

Auf eigene Faust oder mit einer Organisation?

074as Abb: ta, Chris McLennan – Tourism Australia

Starterpakete

Ohne Flug und Betreuung für die komplette Aufenthaltszeit, aber mit etlichen Hilfestellungen für die erste Zeit in Australien (Flughafentransfer, Unterkunft, Kontoeröffnung, Hilfe bei Jobsuche) sind sogenannte Arrival/ Starter Packages, z. B. von

■ *Travellers Contact Point, Sydney, www.travellers.com.au, www.ultimateoz.com.au*

■ *Reisebine, www.reisebine.de/ working-holiday/ workandtravel-starter.html*

■ *Base Sydney (Starter Pack Work & Travel), www.stayatbase.com*

stopp, Informationsveranstaltungen vor Ort, Mitgliedschaften bei australischen Organisationen, Hilfe bei der Jobvermittlung, jede Menge Informationsmaterial und organisationseigene T-Shirts. Die Angebote der Organisationen unterscheiden sich in den Details, sodass man um das Wälzen und Vergleichen der Informationsbroschüren nicht herumkommt.

Grundsätzlich ist zu sagen, dass man die Reise ohne große Probleme **allein vorbereiten und durchführen** kann. In Zeiten des Internets können viele Sachen unkompliziert von zu Hause aus geregelt werden. Außerdem hat man sich in Australien bestens auf die Bedürfnisse der Backpacker eingestellt, die schon seit vielen Jahren ins Land kommen, um zu reisen und zu arbeiten. Wer die Reise allein organisieren will, findet Tipps zu Visabeantragung, Versicherung, Unterkunft, Jobsuche u. v. m. in diesem Buch. Ohne Zweifel kann man den einen oder anderen Euro sparen, wenn man die Planung selbst in die Hand nimmt.

◁ Das Reisen in der Gruppe kann viel Spaß machen

Mit einer **Programmteilnahme** ist man gut beraten, wenn man die ersten Tage der Reise gern ein paar Leute um sich hätte. Man kann die anderen Reiseteilnehmer meist schon vorab kennen lernen und sich in der Vorbereitungsphase austauschen. Wer nicht viel Zeit für die Reisevorbereitung hat und noch mitten im Job steckt, wird für die Hilfestellung der Organisation dankbar sein. Außerdem ist es beruhigend, die Anfangszeit (inklusive Jetlag) mit Gleichgesinnten durchzustehen und Eingewöhnungshilfe von der Organisation zu bekommen. Wer will, kann sich in seiner Reisegruppe gleich noch einen Begleiter für die Weiterreise suchen. Auf die (besorgten) Verwandten und Bekannten daheim wirkt ein offizielles Programm beruhigend. Man wird mit einer Postadresse für Australien (meist das Büro der Organisation vor Ort) inkl. Postweiterleitungsservice (*mail forwarding service*) ausgestattet, sodass man erreichbar ist. Nach der Rückkehr könnte eine „Teilnahme am Programm X der Organisation Y" inkl. Teilnahmezertifikat im Lebenslauf um einiges erfolgreicher und nutzbringender klingen als nur ein „Auslandsaufenthalt Australien". Zu viel sollte man von den Organisationen jedoch nicht erwarten. Auch wenn Jobs versprochen werden, muss man sich letztlich selbst kümmern und aktiv werden.

TIPP

Selbstorganisations-Paket

BackpackerPack.de bietet neben einem Infobuch mit zahlreichen Insidertipps einen 24-Monate-Frageservice, Open Return Tickets, Gruppenflüge u. v. m.

■ *www.backpackerpack.de*

Auswahl von Organisationen mit WHV-Programm
- *AIFS Deutschland, www.aifs.de*
- *GLS Sprachenzentrum Berlin,*
  www.gls-sprachenzentrum.de
- *juststudies!, www.juststudies.de*
- *MultiKultur e. K., www.multikultur.info*
- *PractiGo, www.practigo.com*
- *Praktikawelten, www.praktikawelten.de*
- *Southern Cross, www.working-holiday.info*
- *STEP IN, www.stepin.de*
- *Travel-n-Work, www.travel-und-work.de*
- *TravelWorks, www.travelworks.de*

Kündigung oder Freistellung?

Mittlerweile hört man das Wort **Sabbatical** recht oft. Es bedeutet eine **Auszeit** vom Job – eine Pause einlegen, um zu reisen, sich weiterzubilden o. Ä. Das Wort Sabbatical ist an das hebräische „Sabbat" angelehnt, das Ruhetag bedeutet und für den traditionellen jüdischen Feiertag steht.

In einigen Ländern, wie z. B. Dänemark, den Niederlanden oder Frankreich, haben die Bürger mittlerweile gesetzlichen Anspruch auf eine längere **Freistellung von der Arbeit.** In Deutschland gehen die Entscheidungsträger durch die Einführung von Zeitsparmodellen erste vorsichtige Schritte in diese Richtung. Allerdings gibt es noch keinen rechtlichen Anspruch auf ein Sabbatical.

Klare Regelungen existieren in Deutschland nur für **Beamte** (und gleichgestellte Angestellte). Als Beamter hat man in den meisten Bundesländern – nachzulesen im Landes- bzw. Bundesbeamtengesetz – ein Anrecht auf eine Auszeit und oft die Wahl zwischen verschiedenen Sabbatical-Modellen.

Etliche Firmen unterstützen schon jetzt ihre Mitarbeiter bei der Durchführung und Finanzierung eines längeren Auslandsaufenthaltes. Darum sollte man, bevor man von akutem Fernweh geplagt und vom Arbeitsalltag genervt gleich die Kündigung einreicht, erst mal das Gespräch mit dem Arbeitgeber suchen.

Die Regierung hat 2001 mit dem Teilzeit- und Befristungsgesetz für Arbeitnehmer einen grundsätzlichen Anspruch auf Teilzeitarbeit geschaffen. Das **Bundesministerium für Arbeit und Soziales** (s. Kasten S. 24) stellt auf seiner Website sieben verschiedene Teilzeitmodelle vor. Das Modell „Teilzeit Invest" eröffnet die Chance auf mehrmonatige Urlaubsphasen oder Sabbaticals. Langzeitkonten (manchmal auch als Wertguthaben bezeichnet) bieten den Arbeitnehmern die Möglichkeit, Arbeitszeit über einen längeren Zeitraum anzusparen. Vereinfacht gesagt arbeitet man bis zur Auszeit für ein geringeres Gehalt, dass man dann aber auch während der Auszeit weitergezahlt bekommt. Man vereinbart mit seinem Arbeitgeber für einen vertraglich festgelegten Zeitraum einen Teilzeitarbeitsvertrag mit entsprechend reduziertem Gehalt. Da man aber die volle Stundenzahl weiterarbeitet, spart man so Arbeitszeit an, die während der folgenden Auszeit in Anspruch genommen wird – bei Weiterzahlung des Teilzeitgehaltes. Dabei

Das Flexi-II-Gesetz in Stichworten

- *Langzeitkonten auf Entgeltbasis:*
  Seit dem 1. Januar 2009 müssen die Wertguthaben auf Entgeltbasis geführt werden.

- *Sicherheit:*
  Für alle neu eingerichteten Konten wird eine Werterhaltungsgarantie eingeführt. Das bisher unberücksichtigte Börsenrisiko wird eingeschränkt.

- *Insolvenzschutz:*
  Wertguthaben müssen vor Insolvenz geschützt werden. Dazu ist für die Arbeitgeber ein Qualitätsstandard festgeschrieben, der im Rahmen der Betriebsprüfung von der Deutschen Rentenversicherung auch kontrolliert wird.

- *Portabilität (seit 1. Juli 2009):*
  Arbeitnehmer, die zu einem anderen Arbeitgeber wechseln, der keine Möglichkeit zur Übertragung von Wertguthaben bietet, können ihr Guthaben auf die Deutsche Rentenversicherung Bund übertragen.

kann auch vereinbart werden, dass zuerst die Freistellung erfolgt und dann nachgearbeitet wird.

Mit dem Gesetz zur Verbesserung der Rahmenbedingungen für die Absicherung flexibler Arbeitszeitregelungen (Flexi II), das am 1. Januar 2009 in Kraft getreten ist, werden Langzeitkonten noch attraktiver gemacht und Rechtsunsicherheiten beseitigt. Klarer als in der bis dato gültigen Flexi-I-Regelung grenzt es Langzeitkonten (Wertguthaben) von anderen Regelungen zur Flexibilisierung der Arbeit ab. Danach gelten nur solche Arbeitszeitkonten als Wertguthaben, bei denen Geld vorrangig für längere Freistellungsphasen (z. B. Sabbatical) angespart wird (siehe §7 b Ziff. 2 SGB IV).

In **großen Firmen** ist eine solche Regelung – zur Mitarbeitermotivation, für das Firmenimage oder zum Ausgleich von Konjunkturschwankungen – heutzutage schon üblich. Sind solche Regelungen noch nicht im Arbeitsvertrag festgehalten, sollte man das Nachfragen nicht scheuen. Allerdings beruhen die Auszeiten immer auf einer freiwilligen Vereinbarung zwischen Arbeitgeber und Arbeitnehmer.

Informationen zum Thema Sabbatical

■ *Das Bundesministerium für Arbeit und Soziales liefert Informationen rund um das Thema Teilzeit und zu Fragen der sozialrechtlichen Absicherung flexibler Arbeitszeitregelungen.*
www.bmas.bund.de

■ *Auf der Website des Ministeriums kann man die Broschüre „Teilzeit – Alles, was Recht ist" bestellen oder downloaden. Sie enthält Informationen zu flexiblen Arbeitszeitregelungen.*

■ *Eine informative Zusammenfassung zum Flexi-II-Gesetz findet man in BRANDaktuell.*
www.lasa-brandenburg.de/brandaktuell/28.0.html

⊡ Bevor man australische Windräder zu Gesicht bekommt, muss man erst einmal zu Hause einige Räder ins Rollen bringen ...

Wichtige Fragen zum Sabbatical-Vertrag

- *Was wird alles als Wertguthaben auf dem Langzeitkonto angerechnet?*
- *Wie verändert sich die Vergütung? Wie hoch ist sie während der Auszeit?*
- *Welche Regelungen greifen beim Krankheitsfall während der Auszeit?*
- *Gilt eine Insolvenzschutzregelung und genügt diese den gesetzlichen Vorgaben?*
- *Wie wird mit der eventuellen betrieblichen Altersversorgung verfahren?*
- *Wie erfolgt die Wiedereingliederung? Kann an dieselbe Stelle zurückgekehrt werden?*

Auf ein **Gespräch mit dem Vorgesetzten** sollte man sich gut vorbereiten. Nur wer genau weiß, was er will und warum er ein Sabbatical möchte, kann den Chef überzeugen. Idealerweise hat man Vorschläge parat, wer die eigene Arbeit während der Abwesenheit übernehmen kann. Wird eine Vereinbarung getroffen, ist ein **schriftlicher Vertrag** unverzichtbar. Besonders wenn die Firma noch keine Erfahrungen mit längerfristigen Arbeitszeitkonten hat, sollte man sich fundiert beraten lassen (Gewerkschaft, Betriebsrat, Anwalt für Arbeitsrecht etc.).

Agentur für Arbeit

In jedem Fall ist eine **persönliche Beratung** bei der Bundesagentur für Arbeit (früher: Arbeitsamt) bereits vor der Kündigung angebracht, um die eigene Situation hinsichtlich aller Faktoren zu analysieren. Der zuständige Leistungsberater kann detaillierte Auskünfte zu Ansprüchen und nötigen Formalitäten geben.

Auch wenn man seinen **Job kündigt,** hat man Anspruch auf Arbeitslosengeld, wenn man in den letzten zwei Jahren vor der Arbeitslosmeldung und der eingetretenen Arbeitslosigkeit mindestens 12 Monate in einer versicherungspflichtigen Beschäftigung gestanden hat.

Die Anspruchsdauer richtet sich nach der Anzahl der Monate des Versicherungspflichtverhältnisses in den letzten fünf Jahren. Die Höhe richtet sich nach dem Gehalt der letzten versicherungspflichtigen Beschäftigung und der aktuellen Lohnsteuerklasse.

Wer selbst kündigt (Arbeitsaufgabe) oder wer einen Aufhe-

**Auskünfte zu Arbeits-
und Beschäftigungs-
möglichkeiten in Australien**
*Zentrale Auslands-
und Fachvermittlung (ZAV),
www.ba-auslandsvermittlung.de*

076as Abb.: fo, © ricardo bruni – Fotolia.com

⟨ Keine Reise ohne Rettungsring – Absicherung ist wichtig

bungsvertrag unterzeichnet, wird von der Agentur für Arbeit allerdings meistens mit einer **Sperrzeit** bedacht. Sie bewirkt, dass das Arbeitslosengeld für 12 Wochen nicht gezahlt wird. Außerdem vermindert sich die Anspruchsdauer um die Tage der Sperrzeit bzw. mindestens um ein Viertel.

Eine „Mitnahme" von erworbenen Ansprüchen ins Ausland oder auch die Gewährung von Leistungen zum Zwecke der Arbeitssuche im Ausland ist nur innerhalb der EU-Länder möglich.

Die persönliche Arbeitslosmeldung ist Voraussetzung für den Bezug von Arbeitslosengeld. Sie muss spätestens am ersten Tag der Beschäftigungslosigkeit (frühestens drei Monate vorher) persönlich bei der zuständigen Agentur für Arbeit erfolgen. Wer also nach der Rückkehr aus Australien Arbeitslosengeld beantragen möchte, muss sich bereits vor der Abreise arbeitslos melden.

Die Unterbrechung bzw. Beendigung des Arbeitslosen-Status, weil man bei einem Auslandsaufenthalt der Arbeitsvermittlung nicht zur Verfügung steht, muss konkret mit dem **Arbeitsvermittler** besprochen werden. Wird die Arbeitslosigkeit mehr als 6 Wochen unterbrochen, erfolgt die Weiterzahlung der Leistung erst nach erneuter persönlicher Arbeitslosmeldung.

Sollte nach der Rückkehr aus dem Ausland kein Anspruch auf Arbeitslosengeld bestehen, kann auf Antrag **Arbeitslosengeld II** gewährt werden. Dies setzt voraus, dass man erwerbsfähig und hilfebedürftig ist.

Aktuelle Informationen

Auf der Website der Bundesagentur für Arbeit kann man sich über die aktuellen Regelungen und neuesten Änderungen informieren: www.arbeitsagentur.de

Was wird aus den Versicherungen?

Kranken- und Pflegeversicherung

Angestellte mit **bezahltem Langzeiturlaub** bleiben durch das Flexi-Gesetz weiter krankenversichert. Beim Ausscheiden aus einem Beschäftigungsverhältnis oder bei Inanspruchnahme von unbezahltem Urlaub beendet die Firma automatisch die Zahlung der Kranken- und Pflegeversicherungsbeiträge an die Krankenkasse. Die Krankenkassen haben ab diesem Zeitpunkt noch eine Nachversicherungspflicht, die maximal einen Monat greift. Da die heimische Krankenkasse nicht für Arztkosten im außereuropäischen Ausland aufkommt, muss eine **Auslandsreise-Krankenversicherung** (s. S. 30) abgeschlossen werden.

Ein Fortbestehen der Krankenversicherung zu den regulären Konditionen ist für den Zeitraum des Auslandsaufenthaltes im Normalfall – schon aus Kostengründen – nicht nötig. Man sollte aber sicherstellen, dass man nach der Rückkehr aus Australien – auch im Falle einer vorzeitigen Rückreise – automatisch wieder versichert ist. Die Auslandsreise-Krankenversicherung erlischt nämlich in der Regel mit Beendigung der Reise.

Seit der **Gesundheitsreform** im Jahr 2007 gibt es in Deutschland eine Krankenversicherungspflicht, was genauso ein Recht auf Versicherungsschutz bedeutet. Hat man sich für den Auslandsaufenthalt bei der Krankenkasse abgemeldet, kann man nach der Rückkehr aus dem Ausland wieder in seine letzte Versicherung – sowohl gesetzliche wie auch private – eintreten.

TIPP

Vorsicht, Kleingedrucktes!
Unbedingt vor Vertragsabschluss die Versicherungsbedingungen genau studieren. Die üblichen Jahrespolicen, die recht preiswert z. B. im Reisebüro angeboten werden, gelten nur für Auslandsaufenthalte bis max. 6 Wochen und bieten daher keinen ausreichenden Versicherungsschutz.

Was wird aus den Versicherungen?

Alle Fragen zu dieser Thematik sollte man konkret mit der eigenen Krankenkasse schon vor der Abreise klären und auch sicherstellen, dass bereits für den Tag der Rückkehr eine Mitgliedsbescheinigung der Krankenkasse vorliegt.

Wenn man Anspruch auf Arbeitslosengeld hat, übernimmt die **Agentur für Arbeit** die Kosten für die Krankenversicherung. Geht man sofort wieder ein Beschäftigungsverhältnis ein, werden die Beitragszahlungen von der Firma abgeführt. Klappt beides nicht, muss man sich in der Regel bis auf weiteres freiwillig selbst versichern.

Privat Versicherte sollten sich bei ihrer Versicherung genau erkundigen, ob und für welchen Zeitraum ein Krankenversicherungsschutz auch im Ausland gewährleistet ist. Sollte dort kein Schutz bestehen, kann evtl. eine Anwartschaftsversicherung abgeschlossen werden, mit der der Wiedereinstieg zu den gleichen Konditionen verbindlich zugesichert wird. Ansonsten wird man nach einer Kündigung und einem Neuabschluss nach der Rückkehr entsprechend dem Eintrittsalter höher eingestuft.

Auch in Bezug auf die **Pflegeversicherung** ist eine Weiterversicherung oder Anwartschaft in Betracht zu ziehen. Werden die Beitragszahlungen und damit der Pflegeversicherungsschutz unterbrochen, tritt ab erneutem Beginn der Pflegeversicherung eine Wartezeit von 5 Jahren ein, bevor Leistungen in Anspruch genommen werden können.

Auslandsreise-Krankenversicherung

Der Abschluss einer Auslandsreise-Krankenversicherung für den Zeitraum des Australienaufenthaltes ist sehr wichtig. Bei der Auswahl der besten Versicherung bleibt einem nichts anderes übrig, als die Angebote der einzelnen Versicherer im Hinblick auf die eigenen Ansprüche zu vergleichen. Nicht immer ist die billigste Versicherung die richtige Wahl. Viele Versicherungsgesellschaften bieten **Rundum-Pakete** an, die neben der Krankenversicherung noch Unfall, Haftpflicht, Reisegepäck, Rechtsschutz u. Ä. versichern. Es ist zu überlegen, welche Risiken bereits abgedeckt sind und welche für den Australienaufenthalt zusätzlich abgesichert werden sollen. Zum Beispiel kann die Ausübung von Extremsportarten bei einigen Versicherern gegen Aufpreis mit eingeschlossen werden.

Anbieter von Krankenversicherungen

Es gibt etliche Versicherungen und Versicherungsmakler, die ihre Angebote auf Reisende zugeschnitten haben. Sie sind besonders für Leute interessant, die in Australien arbeiten wollen, denn dieses Risiko kann nicht bei jedem Anbieter versichert werden.

- *STEP IN Versicherung, www.stepin.de*
- *Reiseversicherung von TravelWorks und ELVIA, www.travelworks.de*
- *praktika.de, www.praktika.de/cms/ Auslandskrankenversicherung.871.0.html*
- *International Service Assekuranz, www.isa-office.de*
- *Dr. Walter GmbH, www.reiseversicherung.com und www.protrip.de*

Hilfreich sind Krankenversicherungsvergleiche, wie sie z. B. von Finanztest (www.test.de) vorgenommen werden:

- *Ausgabe 08/2013: Thema „Auslandsreise-Krankenversicherung: Gute Policen für lange Reisen". Hier schnitt der Tarif „Young Travel" von HanseMerkur sehr gut ab.*

Gerade in Internetforen rund ums Thema Australien kann man sich Tipps zum Thema Krankenversicherung holen. Viele Reisende haben bereits Erfahrungen - gute und schlechte - gemacht und geben diese gern weiter.

Was wird aus den Versicherungen?

077as Abb. kp

> ⊳ Wer einen Skydive macht, sollte gut versichert sein

Rentenversicherung

Zum Thema Rentenversicherung herrscht, politisch gesehen, ein ziemliches Drunter und Drüber. Fest steht, dass man grundsätzlich mit einer **privaten Altersabsicherung** am besten beraten ist. Während des Auslandsaufenthaltes weiterhin freiwillige Beiträge in die gesetzliche Rentenversicherung einzuzahlen, lohnt sich nicht. Man kann natürlich noch mal das Gespräch mit seinem Rentenversicherungträger suchen.

Deutsche Rentenversicherung
Informationen und Beratung rund ums Thema Rente gibt es bei der Deutschen Rentenversicherung: www.deutsche-rentenversicherung.de, Servicetelefon 0800 10004800.

Alle Rentenversicherungträger (Deutsche Rentenversicherung Bund und Deutsche Rentenversicherung Knappschaft-Bahn-See) treten unter dem gemeinsamen Namen „Deutsche Rentenversicherung" auf.

Informationen und Beratung gibt es in den bundesweit vertretenen Auskunftsstellen. Außerdem existieren für einige Berufsgruppen – sogenannte freie Berufe wie Ärzte oder Architekten – selbstständige Versorgungswerke.

Lebensversicherung

Mit einer Lebensversicherung hat man etwas für seine Altersvorsorge getan – aber auch hohe laufende Kosten. Eine Kündigung dieser Versicherung, nur um in der Reisezeit die Versicherungsbeiträge zu sparen, ist jedoch nicht ratsam. In der Regel verbleiben die eingezahlten Beiträge in den ersten Jahren nämlich beim Versicherer. Die **Versicherungsbedingungen** geben genaue Auskunft über den Verbleib des eingezahlten Kapitals und den eventuellen Rückkaufwert. Meist kann man mit dem Versicherer eine Stundung der Beiträge oder ein Ruhenlassen des Vertrags vereinbaren, wenn man sich die vollen Beiträge für eine Weile nicht leisten kann oder will. Es besteht dann immer noch eine Versicherung des Todesfallrisikos.

Allerdings kann bei geringeren Beitragszahlungen kaum Kapital angespart werden, was sich bei der späteren Auszahlungssumme erheblich bemerkbar macht. Deshalb sollte man sich genau ausrechnen lassen, wie sich eine Änderung der Beitragszahlung auf die spätere Gesamtsumme auswirken würde. Sonst kann es schnell passieren, dass man am falschen Ende spart.

Unfallversicherung

Grundsätzlich ist man mit dem Abschluss einer Unfallversicherung gut beraten. Wer sich für den Auslandsaufenthalt zu einem Rundum-Versicherungspaket entschließt, wird in der Regel auch gegen das **Unfallrisiko** versichert sein. Hat man bereits eine Unfallversicherung, die üblicherweise weltweit gilt und tariflich in der Regel günstiger ist als ein speziel-

Was wird aus den Versicherungen?

les Angebot für den Auslandsaufenthalt, ist ein weiterer Abschluss überflüssig. Auch hier muss man sich genau informieren, welche Risiken versichert sind. Einige Versicherer bieten beispielsweise bei der Ausübung von bestimmten Sportarten oder Ballonfahrten **keine Deckung.**

Haftpflichtversicherung

Bezüglich seiner Haftpflichtversicherung muss man sich erkundigen, ob sie **weltweiten Versicherungs-**

▷ Nicht immer sind alle Sportarten bei einer Unfallversicherung abgedeckt

schutz beinhaltet. Da dies in den meisten Fällen zutrifft, braucht man dann keine zusätzliche Versicherung. Beim Abschluss eines Rundum-Versicherungspakets kann eventuell eine Doppelversicherung entstehen.

Hausratversicherung

In dieser Frage sollte man sich mit der Versicherung in Verbindung setzen, wenn die Wohnung beispielsweise untervermietet wird und dadurch Änderungen in der Versicherungspolice anfallen. Bei **Wohnungsauflösung** kann die Versicherung gekündigt werden.

Reisegepäckversicherung

Hat man sich für ein Rundum-Paket eines Versicherers entschieden, ist die Reisegepäckversicherung oft mit eingeschlossen. Wer seine Hausratversicherung behält, hat möglicherweise im Rahmen des **Außenversicherungsschutzes** eine weltweite Deckung und kann somit Versicherungsansprüche geltend machen.

Die Versicherungsbedingungen müssen sehr genau gelesen werden. Auch bei einer speziellen Reisegepäckversicherung ist nicht jedes Risiko abgedeckt. Teure technische Ausrüstungsgegenstände wie Foto- oder Videokamera sind nicht automatisch eingeschlossen und müssen extra versichert werden.

Nicht alle Schadensfälle sind durch die Versicherungsbedingungen gedeckt. Leicht kann die Leistung durch den Vorwurf der Fahrlässigkeit abgelehnt werden. Außerdem liegt der Versicherungszeitraum in der Regel weit unter einem Jahr. Daher genau nachfragen und eventuell Sonderkonditionen aushandeln.

Wie viel Geld brauche ich ungefähr?

Für die Beantragung des Visums muss man **Geldmittel** vorweisen, die man auch wirklich auf dem Konto haben sollte. Neben der Bezahlung des Flugtickets und der Versicherungen stehen noch einige Ausgaben z. B. für Reiseausrüstung an. Und: Nicht immer findet man gleich einen Job in Australien. Für die ersten Tage und Wochen braucht man also ausreichend **Taschengeld.**

Geldkalkulation

Wenn man am Anfang 5000 $ (die man beim Beantragen des Visums vorweisen muss) zur Verfügung hat und ein ganzes Jahr bleiben will, wird man ca. ein gutes halbes Jahr davon arbeiten müssen.

Jeder hat andere **Ansprüche** und deshalb ist es schwer, eine pauschale Summe zu nennen, die man pro Monat braucht. Ungefähr 1300–1400 $ scheinen realistisch. Es sollten ca. 40–45 $ täglich für Unterkunft, Essen, Transport und Kultur eingeplant werden. Bei Tourbuchungen wird es entsprechend mehr. Wenn man arbeitet oder wwooft und z. B. kostenlose Unterkunft hat, entsprechend weniger. Übrigens sind es die vielen Kleinigkeiten wie Internet, Postkarten und Briefmarken, Zeitungen, ab und zu Klamotten, ein Paket nach Hause, Kosmetik usw., die die Geldbörse leeren.

Preisniveau

Die Preise in der **Großstadt** und auf dem Lande variieren zum Teil sehr stark. Natürlich sind Lebensmittel, Kosmetika usw. in den Kaufhäusern und Supermärkten der Städte billiger als im kleinen Shop im **Outback.** Auch Benzin ist in entlegenen Gegenden im Outback sehr teuer. Ein kleiner Trost: In den Städten ist es zwar billiger, aber durch die vielen Angebote gibt man auch mehr Geld aus. Im Outback ist vieles teurer, aber es bieten sich auch weniger Gelegenheiten, Geld an den Mann zu bringen.

Souvenir-Shopping

Natürlich möchte man sich, vielleicht auch seinen Lieben daheim, ein paar Andenken mitbringen und wenn die letzten Tage in Australien nahen, wird es höchste Zeit fürs Souvenir-Shopping. Man sollte also von vornherein einen gewissen Betrag seines **Budgets** dafür reservieren!

Aboriginalkunst ist bei Touristen sehr beliebt. In jedem Souvenirshop findet man eine riesige Auswahl an Holzwaren (z. B. Bumerangs), T-Shirts oder Gemälden, aber auch viel Kitsch. Ein Großteil der Ware ist in Massenproduktion gefertigt – und das nicht einmal in Australien.

Auch bei den beliebten **Didgeridoos** gibt es maschinell und handgefertigte Stücke, welche, die nur zur Dekoration taugen und solche, auf denen man auch spielen kann. Wer ein original von Termiten ausgehöhltes Instrument besitzen will, muss tief in die Tasche greifen. Der Rücktransport im Flieger ist

Die Lieben daheim freuen sich über Souvenirs

Wie viel Geld brauche ich ungefähr?

kein Problem (ab 60 cm Länge kommt das Instrument in den Frachtraum) und gute Läden verpacken das Didgeridoo gleich fluggerecht. Manche bieten sogar die Verschickung an die Heimatadresse an – überlegenswert, wenn man gleich zu Anfang des Aufenthaltes ein wirklich schönes Stück entdeckt und dieses nicht monatelang mit sich rumschleppen möchte.

Am besten kauft man solche Andenken im Geschäft einer **Aboriginal Community,** das von Aborigines selbst betrieben wird. Man zahlt zwar einiges mehr, aber unterstützt die Community. Außerdem erhält man Informationen über die Künstler und die Herkunft der Ware.

☐ Das Didgeridoo – ein schönes, aber sperriges Gepäckstück

Auch auf **Märkten** kann man schöne Stücke einheimischer Künstler erstehen.

08las Abb. fb, © bepsphoto – Fotolia.com

Wieder daheim

Selbst wenn man noch nicht einmal abgeflogen ist, sollte man sich schon im Vorfeld ein paar Gedanken darüber machen, was einen nach der Rückkehr daheim erwartet.

Pflichten zu Hause

*Auch wenn es schwer fällt: Gleich nach der Rückkehr sollte man sich bei der Agentur für Arbeit, der Krankenkasse und allen anderen wichtigen Institutionen vorstellen, damit man wieder in das **soziale Netz** zu Hause eingegliedert wird.*

*Wer in Australien noch nicht damit angefangen hat, muss sich jetzt durch diverse Jobdatenbanken kämpfen oder Anträge auf einen Studienplatz ausfüllen, Bewerbungsunterlagen aktualisieren und sich auf **Bewerbungsgespräche** vorbereiten. Nach einem Auslandsaufenthalt kann schon mal die Frage fallen, ob man sich (noch) in der Lage fühlt, Vollzeit zu arbeiten. Auf solche Fangfragen sollte man gut vorbereitet sein: Sprachkenntnisse, Auslands- und Lebenserfahrung, Motivation, neue Ideen und Menschenkenntnis sind nur einige Pluspunkte, auf die man in einem Vorstellungsgespräch hinweisen kann.*

Positive Gedanken

Sicherlich wird man zum Ende der Reise etwas wehmütig werden. Vor allem sollte man aber dankbar sein, dass man den Traum von Australien verwirklichen konnte. Auch wenn der Abschied nicht leicht ist und man sich die ersten Tage zu Hause vielleicht nicht richtig zurechtfindet, so können doch all die gemachten Erfahrungen und Erlebnisse, die entstandenen Freundschaften und die gewonnene Motivation ein Ausgangspunkt für einen positiven Neustart sein.

Auf zu neuen Abenteuern und Aufgaben – es bleibt spannend!

Reise-vorbereitung

◁ Die Reisevorbereitung muss kein steiniger Weg sein
(81as Abb.: fo, © wrobel27 – Fotolia.com)

Gesundheits-Check

Besondere **medizinische Vorkehrungen** müssen für Australien nicht getroffen werden, da die Voraussetzungen in Bezug auf Hygiene und Sauberkeit unseren Standards entsprechen. In der Regel sind keine speziellen Impfungen notwendig. Wer die Reise allerdings mit einem Aufenthalt in Asien verbindet bzw. ganz auf Nummer sicher gehen will, kann eine Hepatitisimpfung in Betracht ziehen. Auskunft hierzu – und den internationalen Impfausweis – gibt es sowohl beim Hausarzt als auch bei einem Tropeninstitut. Achtung: Mittlerweile übernehmen etliche Krankenkassen die Kosten für die (nicht billige) Reiseimpfung. Nachfragen!

Wer regelmäßig **Medikamente** einnimmt, sollte sich ausreichend bevorraten, damit in Australien nicht auf andere Präparate umgestiegen werden muss oder es Probleme mit der Beschaffung von Rezepten gibt. Am besten nimmt man die Medikamente in der Originalverpackung mit dem Rezept und einem Attest vom Arzt mit. Eine **Reiseapotheke** mit Medikamenten gegen Durchfall, Schmerzen etc., Pflastern usw. ist immer hilfreich.

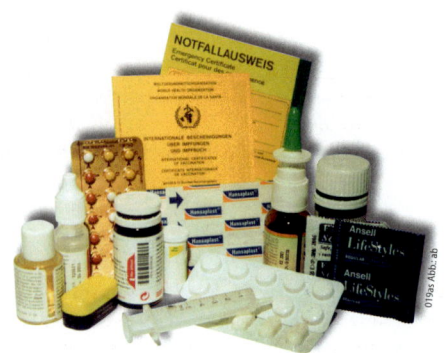

▷ Nie verkehrt: die kleine Reiseapotheke

Man kann sich aber auch in Australien mit den üblichen Medikamenten eindecken. In den Drogerien gibt es z. B. **Apothekenabteilungen** (chemist), Kopfschmerztabletten u. Ä. kann man sogar in Supermärkten kaufen.

Übrigens: Wenn man seinem **Hausarzt** begeistert von den Reiseplänen erzählt, bekommt man vielleicht sogar das eine oder andere kostenlose Probenpaket mit auf den Weg. Wer noch keinen hat, lässt sich vom Hausarzt einen **Nothilfepass** ausstellen und gleich noch mal komplett durchchecken. Auch dem **Zahnarzt** sollte man noch einen Besuch abstatten.

TIPP

Pillenmathematik für Frauen
Eine kleine Rechenhilfe für alle weiblichen Reisenden, die ein ganzes Jahr wegfahren wollen und die Pille auch unterwegs nehmen möchten. 12 Monate mal 4 Wochen (1 Packung) ergibt 48. Da das Jahr aber 52 Wochen hat, besser noch eine Extrapackung mitnehmen.

Informationen aus dem Internet

- Centrum für Reisemedizin: www.crm.de
- Info-Service des Tropeninstitutes München: www.fit-for-travel.de

Ab- und Ummeldungen

Mit der Vorbereitung des Australienaufenthaltes sollte so zeitig wie möglich begonnen werden. Wer ein halbes Jahr Vorlauf hat, wird am Ende keine Zeitprobleme bekommen. Am besten alles aufschreiben, damit man nichts vergisst und in Bezug auf die **Zeitplanung** nicht den Überblick verliert. Im Folgenden einige Themen, die als Gedankenstütze dienen sollen:

Abonnements

Alle Abonnements sollten natürlich gekündigt werden, um unnötige Mehrausgaben zu vermeiden. Abonnements können nicht nur Zeitungen und

Ab- und Ummeldungen

Zeitschriften, sondern auch Mitgliedschaften wie beispielsweise im Fitness-Studio sein. Ein Blick auf die Kontoauszüge hilft, die zusätzlichen Kostenquellen zu überschauen. Die Vertragsunterlagen geben Auskunft über die **Kündigungsfristen,** die oft drei Monate betragen und daher schnelles Handeln erfordern. Zum Teil sind Vertragsunterbrechungen für den Zeitraum des Auslandsaufenthaltes möglich.

Sollte es Probleme geben, kann man sich an eine Verbraucherzentrale, die es in jedem Bundesland gibt, wenden. Die helfen bei der korrekten Formulierung der Kündigung und kennen das eine oder andere Vertragsschlupfloch.

● *www.verbraucherzentrale.de*

Rundfunkbeitrag

Dem Beitragsservice von ARD, ZDF und Deutschlandradio, der den Rundfunkbeitrag erhebt, sollte man den Auslandsaufenthalt mitteilen. Dann kann die Zahlung des Rundfunkbeitrages unterbrochen werden. Ein standardisiertes **Abmeldeformular** kann man auf der Website ausdrucken und ausgefüllt an den Beitragsservice faxen oder schicken.

● *www.rundfunkbeitrag.de*

Telefon und Internet

Wenn man die eigene Bleibe aufgibt, wird der Telefonanschluss abgemeldet. Eine Abmeldung kommt aber auch in Frage, wenn das Telefon lange nicht genutzt wird, um die Grundgebühr zu sparen.

In welcher Art und Weise bei der Abmeldung und Wiederanmeldung **Kosten** entstehen und ob die vorhandene Rufnummer während der Zeit der Abwesenheit reserviert werden kann, muss mit dem Telefonanbieter – über den der Telefonanschluss läuft – im Vorfeld genau geklärt werden. Hat man einen Vertrag über eine bestimmte Laufzeit abgeschlossen, kann man eventuell eine Unterbrechung des Vertrages für die Zeit des Auslandsaufenthaltes aushandeln. Das gleiche gilt auch für bestehende **Verträge mit Internetprovidern** (sofern diese nicht sowieso mit dem Telefonanschlussvertrag gekoppelt sind).

Wer seine Wohnung untervermietet, erspart sich praktischerweise das teure Ummelden auf den Untermieter und lässt ihn die fortlaufenden Rechnungen zahlen.

Sein **Handy** kann man auch in Australien nutzen (s. S. 90) und daher mitnehmen. Da es aber sehr teuer ist, in Australien Telefonate über den heimischen Anbieter zu führen, sollte man sich zumindest nicht kurz vor der Reise noch einen neuen Handy-Vertrag zulegen. Eine Beendigung des Vertrages ist meist nicht möglich, eine Stilllegung für einen gewissen Zeitraum klappt auch nicht in jedem Fall. Eventuell kann man den Vertrag für diesen Zeitraum auf eine andere Person zu Hause übertragen.

Post

Auch eine **Umleitung der Post** an eine Kontaktperson (s. S. 50) sollte veranlasst werden. Die Post lässt sich diesen Nachsendeservice für Privatkunden mit etwa 19,90 € für 6 Monate und 24,90 € für 12 Monate vergüten. Es wird ebenso ein **Lagerservice,** das ist das Aufbewahren bei der Post, angeboten.

Sicherheitshalber sollte man Freunden und Institutionen die Adresse der **Kontaktperson** mitteilen.

■ *Weitere Hinweise zum Nachsendeservice der Post gibt es auf der Website www.efiliale.de/nachsendeservice. Dort kann der Nachsendeauftrag gleich online ausgefüllt werden. Tipps für den Umzug kann man auf der Website www.umziehen.de aufrufen.*

■ *Hilfe beim Ummelden gibt es unter www.ummelden.de.*

Bank

Dank Internet ist es heutzutage kein Problem, seine Bankangelegenheiten aus der Ferne zu regeln. **Online-Banking** kann man ohne weiteres mit der Bank vereinbaren. Durch die Verwendung von so genannten PIN/TAN wird eine hohe Sicherheit der Transaktionen gewährleistet. Einige Banken sind sogar auf Online-Banking spezialisiert, bieten Girokonten ohne Grundgebühr und trotzdem allen Service der örtlichen Banken inkl. Kreditkarten. Natürlich sollte man in Internetcafés immer vorsichtig mit persönlichen Daten umgehen.

Eine weitere Möglichkeit ist, eine **Vertrauensperson** zu Hause mit einer Vollmacht für das Bankkonto auszustatten. Durch den Kontenzugang kann diese Person wichtige und unvorhergesehene Bankgeschäfte regeln. Werden der Kontaktperson auch die Kontoauszüge zugeschickt (die Häufigkeit kann man individuell mit der Bank vereinbaren), hat sie die ganze Finanzlage im Auge.

Auto, Motorrad

Man kann sich natürlich von seinem fahrbaren Untersatz trennen und damit die Reisekasse aufbessern. Wird allerdings nach dem Auslandsaufenthalt wieder ein Fahrzeug benötigt, zahlt man für ein vergleichbares meist drauf. Eine Lösung wäre eine Ruheversicherung: Die **Beitragszahlung** wird eingestellt, der Vertrag verlängert sich um die Zeit der Abwesenheit und wenn man gewisse Auflagen erfüllt, werden trotzdem weiterhin Haftpflicht- und einige Teilkaskoschäden gedeckt.

Man kann das Fahrzeug für die Zeit der Abwesenheit auch einer **Vertrauensperson** überlassen. Dazu muss die Versicherungslage wegen möglicher Unfälle und Schäden aber genau geklärt werden.

Wohnung

Wer seine Wohnung während des Auslandsaufenthaltes behält, erspart sich den Stress der Suche nach Unterstellmöglichkeiten für seine Möbel und Habseligkeiten und die Wohnungssuche bei der Rückkehr (inklusive Schlaflagersuche für die ersten Nächte). Allerdings ist das **Weiterzahlen** der Miete die teuerste Lösung. Wer nun kündigt, spart zwar die Miete, muss aber wiederum die oben genannten Unannehmlichkeiten in Kauf nehmen und den Auszug mit all den Wegen und Formularen und langwierigen Auf- und Ausräumaktionen im Reisevorbereitungszeitplan mit eintakten.

Günstiger ist da die **Untervermietung** der Wohnung. Wer Glück hat, findet jemanden im Freundeskreis, der gerade jetzt eine Bleibe sucht und dem man seine eigene guten Gewissens anbieten kann. Man kann es auch über das Internet probieren oder an den schwarzen Brettern der Unis fündig werden. In jeder größeren Stadt gibt es außerdem **Mitwohnzentralen,** die Untermieter vermitteln.

Wichtig ist, dass zum Untervermieten das Einverständnis des Vermieters vorliegt. Alles schriftlich festhalten – natürlich auch den Untermietvertrag mit dem neuen Bewohner. Dem Vermieter sollte man seine E-Mail-Adresse oder die Anschrift einer Kontaktperson hinterlassen, denn man muss schriftlich erreichbar sein. Auch der Untermieter sollte natürlich alle wichtigen Kontaktdaten erhalten.

TIPP

Kündigung des Mietvertrages

Vor der Entscheidung unbedingt den Mietvertrag genau anschauen – die Kündigungsfrist (in der Regel drei Monate) muss beachtet werden und teilweise ist man verpflichtet, die Wohnung vor dem Auszug zu renovieren.

- *Ring Europäischer Mitwohnzentralen e. V.,*
  http://www.mitwohnzentrale.de/staedteliste.php
- *Verband der Mitwohnzentralen e. V.,*
  www.homecompany.de

Hab und Gut

Die Reisevorbereitung bietet die günstige Gelegenheit, sein Leben bzw. seine Sachen ein bisschen zu entrümpeln. Einiges kann man sogar noch zu Geld machen, wenn man es in **Second-Hand-Läden** bringt, bei eBay versteigert oder auf dem Flohmarkt anbietet. Ein schönes Gefühl hinterlässt es, wenn man einige Sachen einfach verschenkt bzw. spendet. Für alles, das man aufbewahren will, findet man möglichst einen trockenen Dachboden. Man kann Möbel aber auch bei Speditionen einlagern.

TIPP

Spenden
Mittlerweile gibt es in vielen größeren Städten Oxfam Shops. In den Geschäften der internationalen Hilfsorganisation kann man Überflüssiges spenden. Vom Verkaufserlös werden Hilfsprojekte finanziert.
www.oxfam.de

Absicherung

Damit man mit ruhigem Gewissen losfahren kann und immer gut informiert bleibt, sollten einige **Vorkehrungen** getroffen werden.

Auswärtiges Amt

Hier erhält man Sicherheitshinweise zum Reiseland, kann sich über die Einreisebestimmungen informieren, Informationen des Gesundheitsdienstes nachlesen und die neuesten Meldungen abrufen.

Informationen der Regierungen

- *Auswärtiges Amt in Deutschland:*
  www.auswaertiges-amt.de
- *Außenministerium in Österreich:*
  www.bmeia.gv.at (Bürgerservice)
- *Eidgenössisches Departement für auswärtige Angelegenheiten in der Schweiz: www.eda.admin.ch*

Kontaktperson

Sehr wichtig ist eine Kontaktperson, die einen in Australien über Neuigkeiten informiert und wichtige Briefe weiterleitet. Die Kontaktperson sollte der Post als Nachsendeadresse dienen. Gut ist, dieser Person **Vollmachten** zu schreiben. Das kann man blanko vorbereiten und schon unterschreiben. Außerdem sollte die Kontaktperson Zugriff auf persönliche Dokumente wie Versicherungsverträge, Bankunterlagen, Kopien der Reisedokumente und die Dokumentenliste haben.

Wer niemanden kennt, der diese Aufgaben als Kontaktperson übernehmen könnte bzw. niemanden damit belasten will, kann sich auch professioneller Hilfe bedienen, individuelle Pakete buchen und z. B. Post einscannen und mailen oder nachsenden lassen und noch vieles mehr.

Professioneller Reiseservice
■ *www.homebase-postdienste.de*

Flugbuchung

Wer auf eigene Faust reist und den Flug selbst organisiert, kann bei der Buchung manches **Schnäppchen** machen. (Tipp: Das Beantragen des Vielfliegerbonus nicht vergessen!) Gerade Studenten oder junge Leute bis 27 haben gute Chancen auf Sonderpreise. Viele Reisende verbinden ihren Australienaufenthalt mit Zwischenstopps in Asien, Neuseeland oder Amerika. Ein Stop-Over, z. B. in Singapur, Bangkok, Dubai oder Hongkong ist meist kostenlos im Ticket nach Australien enthalten.

TIPP

Auswahl der Fluggesellschaft
Neben dem Flugpreis sind auch noch andere Kriterien wichtig, wenn es um die Flugbuchung geht, z. B. Flugroute, Tarifbedingungen und Sitzplatzoptionen und -reservierungsmöglichkeiten. Infos unter: www.australien-info.de/ checkliste-fluglinienauswahl.html

Inwieweit später noch Änderungen an Reiseroute und Abflugdaten möglich sind, sollte man genau erfragen. Gilt doch die **Reiseregel:** Es kommt immer anders, als man denkt und plant. Wer mit einer Organisation fliegt, ist oft unflexibel, was Änderungen angeht.

Gepäcklimit

In der Regel liegt das **Gepäcklimit** der Fluggesellschaften bei 20 kg–23 kg. Allerdings muss man das Gepäck ja auch schleppen – daher sollte man sich auf die 20 kg beschränken. Falls es doch etwas mehr sein muss, die schweren Sachen (z. B. Bücher) ins Handgepäck packen. Wenn das Limit für das große Gepäck nicht überschritten wird, muss das Handgepäck meist nicht auf die Waage.

Übersicht zu Freigepäckmengen

■ *www.bcdtravel.com/go/id/cdpv*

☑ Ein Flugzeug der australischen Fluggesellschaft Qantas

Ausweise, Dokumente und Geld

Internationale Ausweise und Papiere

In Australien muss man neben dem nationalen Führerschein auch einen in Englisch vorweisen können. Ein internationaler **Führerschein** sollte daher auf jeden Fall im Gepäck sein. Er wird vom Ordnungsamt ausgestellt. Für die Beantragung benötigt man den Personalausweis oder Reisepass, ein aktuelles biometrisches Passfoto und den Führerschein. Man kann den internationalen Führerschein sofort mitnehmen. Er ist in der Regel drei Jahre gültig und die Ausstellung kostet ca. 15 €.

Außerdem ist ein **internationaler Impfausweis,** den der Hausarzt gegen Gebühr ausstellt, ratsam.

Wichtige Kopien hinterlegen!

Von allen wichtigen Dokumenten – also Reisepass inkl. Visum, Flugticket, Führerschein, Impfpass, Nothilfepass, Versicherungspolicen usw. – sollten Kopien gemacht werden. Ein Satz Kopien geht mit auf Reisen – separat von den Originalen aufbewahrt. Ein zweiter Satz bleibt bei der Kontaktperson. Für den Fall der Fälle ist es auch empfehlenswert, einen Scan dieser Seiten im Internet zu speichern (s. a. S. 88).

Dokumentenliste

Ebenfalls in mehrfacher Ausführung sollte man eine Dokumentenliste aller wichtigen Daten erstellen, wie z. B.:

- *Ausweisnummern*
- *Bankverbindungen*
- *Geldkartennummern (Geheimzahlen höchstens verschlüsselt, beispielsweise in einer Telefonnummer, aufschreiben.)*
- *Nummern der Reiseschecks*
- *Versicherungspolicennummern*
- *Karten- und Kundenkontonummer des Handys*
- *Telefonnummern für Notfälle, Verluste und Versicherungsfälle*

Einen **internationalen Jugendherbergsausweis** (Hostelling International Card) beantragt man am besten gleich noch vor der Abreise bei einer der folgenden Institutionen:

- *Deutsches Jugendherbergswerk (DJH),* *www.jugendherberge.de*
- *Schweizer Jugendherbergen (SJH), www.youthhostel.ch*
- *Österreichischer Jugendherbergsverband (ÖJHV),* *www.oejhv.or.at und **Österreichisches Jugendherbergswerk** (ÖJHW), www.oejhw.at*

Kreditkarte

Wer noch keine hat, sollte sich unbedingt eine Kreditkarte besorgen. Sie macht das Reisen einfacher, wenn man z. B. einen Flug per Internet buchen oder ein Auto mieten will. Selbst beim Reservieren von Unterkünften wird manchmal als **Sicherheit** eine Kreditkartennummer verlangt. Auch zum Bargeldabheben am Automaten kann man die Kreditkarte nutzen. Mittlerweile gibt es zudem **Prepaid-Kreditkarten** (z. B. von Mastercard), auf die man einen selbstbestimmten Geldbetrag laden (und auch nur diesen ausgeben) kann und die genauso wie normale Kreditkarten akzeptiert werden. So behält man die Kontrolle über seine Finanzen.

Die in Australien gebräuchlichsten Kreditkarten sind **Visa** und **Mastercard.** In naher Zukunft sollen in Australien Zahlungen per Kreditkarte nur noch durch die Eingabe einer PIN möglich sein, um Betrugsfällen durch Unterschriftenfälschung vorzubeugen.

Maestro-(EC-)Karte

Die Bargeldabhebung vom deutschen Konto per Maestro-Karte an australischen Bankautomaten ist nur noch begrenzt und gegen **Gebühr** (Ausnahmen

s. S. 93) möglich. Etliche Geldinstitute statten ihre Geldkarten mittlerweile mit der europäischen Bezahlfunktion „**V Pay**" aus (unbedingt darauf achten, ob die Karte ein solches Zeichen trägt). Dann kann die Karte in Australien nicht genutzt werden. Nähere Informationen dazu bei der Bank und auf der Website www.vpay.de. Außerdem sollte man sich vor der Abreise bei seinem Geldinstitut erkundigen, ob das Abhebelimit im Ausland für die Maestro-(EC-)Karte evtl. auf Null gestellt wurde, so wie das einige Banken mittlerweile aus Sicherheitsgründen handhaben. Dann muss diese Sperre erst noch aufgehoben werden.

Notfallnummern bei Kartenverlust
- *Maestro-(EC-)Karte:*
0049 (0) 1805 021021
- *Visa Card:*
0800 8118440 (in Deutschland),
1800 125440 (in Australien)
- *Mastercard:*
0800 8191040 (in Deutschland),
1800 120113 (in Australien)
- *www.kartensicherheit.de*

Außerdem gibt es in Deutschland eine einheitliche Notrufnummer zum Sperren von elektronischen Berechtigungen bei Medien wie Kredit- und Mobilfunkkarten:
- *Tel. 0049 116 116*
- *www.sperr-notruf.de*

Bargeld

Etwas australisches Bargeld sollte man mitbringen, damit man das erste Sandwich, die erste Fahrkarte, die erste Übernachtung schon vor der Suche nach einem **Bankautomaten** bezahlen kann.

Reisechecks

Die Travelers Cheques von American Express sind eine Möglichkeit zur **finanziellen Absicherung** (www.amex.de). Im Gegensatz zum Bargeld sind sie versichert und werden bei Verlust meist innerhalb von 24 Stunden ersetzt. Sie können in vielen Banken, Wechselstuben und American Express Reisebüros eingelöst werden. Eine Ausstellung in australischen Dollar ist zweckmäßig. Kleinere Stückelungen sorgen dafür, dass man nie viel Bares mit sich führen braucht.

Reisegepäck

Gleich als Erstes: Wenn man trotz gründlicher Planung und Packliste doch etwas vergessen hat, ist es nicht weiter schlimm. Man kann in Australien (fast) alles kaufen – manchmal sogar günstiger als zu Hause. Solange man die **Kreditkarte** eingesteckt hat, ist man auf der sicheren Seite.

Man braucht für mehrere Monate oder ein Jahr nicht mehr Sachen als für einen ganz normalen **dreiwöchigen Urlaub.** Außerdem sollte man immer im Hinterkopf haben, dass man das Gepäck manchmal auch tragen muss. (Um das Wäschewaschen kommt man sowieso nicht herum.) Schwer ist vor

◁ Beim Packen sollte man immer daran denken, dass man das Gepäck später auch tragen muss

Einfuhrbestimmungen für Australien

Wenn man sein Reisegepäck zusammenstellt, sollte man auch auf die strikten Einfuhrbestimmungen achten, die für Australien gelten.

Australien ist frei von vielen Schädlingen und Krankheiten, die in anderen Ländern der Welt vorkommen. Damit dies auch in Zukunft so bleibt, gelten Einfuhrverbote für u. a. Felle und Häute, Blumen, Pflanzen, Saaten sowie diverse Lebensmittel (beispielsweise Obst, Nüsse und Milchprodukte). Sämtliche Waren, die für Australiens Tierwelt, die landwirtschaftlichen Industrien oder Pflanzen schädlich sein könnten, müssen deklariert werden. Auf dem Flug nach Australien erhält man eine Passagier-Einreisekarte (Incoming Passenger Card, IPC), die ausgefüllt und unterschrieben werden muss. Auf ihr muss man alle mitgeführten Waren angeben, die den Quarantänebestimmungen unterliegen (sorgfältig durchlesen und beantworten!). Wenn man etwas anzugeben hat, muss man am Flughafen dann den „Red Channel" („Goods to declare") ansteuern und den Zollbeamten Auskunft geben. Normalerweise bekommt man aber, wenn man alles wahrheitsgemäß angegeben hat, keine Probleme.
■ *www.daff.gov.au (Department of Agriculture)*

allem „Papier", also Bücher, Prospekte usw. Deshalb sollte man auch nicht zu viel Lektüre mitnehmen. Eine gute Möglichkeit, günstig an neue Lektüre heranzukommen, sind die so genannten *book exchanges*, die es in vielen Städten und Hostels gibt. Dort kann man kostenlos oder gegen eine geringe Gebühr sein ausgelesenes Buch gegen das durchschmökerte Exemplar eines anderen eintauschen. Und wem die Lektüre in Englisch am Anfang noch zu schwierig ist – ein deutschsprachiger Titel findet sich meist auch.

Kleidung und Schuhe

Kleidung ist in Australien nicht teurer als bei uns. Vor allem bei Badekleidung, Shorts und T-Shirts kann man beim Einkaufen sogar Geld sparen. Daher sollte man nicht zu viel davon einpacken. Irgendwann kann man die eigenen Klamotten sowieso nicht mehr sehen und wird sich das eine oder andere Teil kaufen wollen.

Bei der Auswahl der Kleidung sollte man darauf achten, dass die Teile nicht viel wiegen. Also höchstens eine Jeanshose mitnehmen und keine dicken Wollpullover. Die Sachen sollten alle gut miteinander **kombinierbar** sowie bügelfrei sein und sich auf maximal zwei Waschmaschinenladungen (helle und dunkle Wäsche) verteilen lassen. Eine Auswahl an Sachen, die man in Australien auf jeden Fall braucht:

- Einen **Fleece-Pullover.** Auch in Australien kann es richtig kalt werden.
- Da es manchmal heftig regnet, gehört ins Reisegepäck ein **Regencape** oder eine Jacke mit wasserabstoßenden Fasern.
- Knöchelhohe **Trekkingschuhe** sind zum Wandern, für Farmarbeit und als Schutz in unbekanntem Gelände unverzichtbar. Sie sollten auf alle Fälle schon gut eingelaufen sein.
- **Trekkingsandalen,** die man in Outdoorgeschäften kaufen kann, sind bei Reisenden sehr beliebt. Die Sandalen sind zwar teuer, aber bequem und ihr Geld wert.
- Wer auch mal ausgehen will (Oper, Theater, Restaurant, Nachtklub) wird noch ein **weiteres Paar Schuhe** benötigen. Mit Turn- oder Trekkingschuhen ist man nicht überall willkommen.
- **Badeschlappen** sind vor allem für die Benutzung von öffentlichen – leider nicht immer sauberen – Duschräumen äußerst praktisch.
- Als vielseitig einsetzbar erweist sich ein **Sarong.** Nicht nur für Frauen als Kleidungsstück, sondern auch für den Strand, beim Picknick, als Schutz vor Sand oder Moskitos und sogar als Kopfbedeckung. Die schnell trocknenden Stofftücher gibt es auch in Australien.

TIPP

Schnäppchen und Kleiderspenden

In den Opportunity-(„Opp-")Shops genannten Second-Hand-Läden von karitativen Hilfsorganisationen wie Salvation Army, St. Vincent de Paul, Red Cross u. a. kann man für ein paar Dollar Kleidung einkaufen (… und sie dort übrigens auch gern abgeben, wenn man etwas nicht mehr braucht).

Einige Hostels haben mittlerweile Kleidertonnen, in die Backpacker nicht mehr benötigte Sachen ablegen können. Will die kein anderer Hostelgast, werden sie Wohltätigkeitsvereinen gespendet. Nicht selten bekommt man Sachen auch einfach von Mitreisenden oder Einheimischen geschenkt.

Auch in den Läden der Second-Hand-Kette „Cash Converters" kann man das ein oder andere Schnäppchen machen (www.cashconverters.com.au).

Reisegepäck

Einige Dinge, die im Reisegepäck nicht fehlen sollten

- *Taschenlampe*
- *Taschenmesser (besser nicht ins Handgepäck)*
- *Wecker oder Armbanduhr (bzw. Handy, aber daran denken, dass man vielleicht nicht immer Strom zum Akkuaufladen zur Verfügung hat) mit Weckfunktion*
- *Nagelschere und Pinzette (besser nicht ins Handgepäck)*
- *Näh-Set (besser nicht ins Handgepäck)*
- *Feuerzeug (besser erst vor Ort kaufen, meist an Bord von Flugzeugen verboten)*
- *Ein kleines Schloss, das man oft für die Schließfächer in den Hostels braucht oder zum Verschließen der Reißverschlüsse am Rucksack nutzen kann.*
- *Nackenkissen (macht sich gut auf dem Flug und bei langen Bus- oder Zugreisen)*
- *Gute Sonnenbrille, Ersatzbrille bzw. -kontaktlinsen*
- *Hut zum Schutz gegen die Sonne (mit breiter Krempe)*
- *Kleine Flasche Sonnenmilch für die ersten Tage. Danach kann man preiswerter in Australien kaufen.*
- *Kosmetika sollten generell nur in kleinen Probefläschchen für die ersten Tage mitgenommen werden, sonst kommt man schnell über die erlaubten 20 kg Reisegepäck. Und immer nur in Plastikflaschen – kein Glas.*
- *Ohropax o. Ä.*
- *Erste-Hilfe-Set*
- *Taschentücher (Stoff und Papier): Papiertaschentücher gibt es nur selten und dann sind sie teuer.*
- *Einige Passbilder (für Ausweise o. Ä.)*
- *Fotos von der Familie und Freunden (man wird immer mal danach gefragt)*

Aktuelle Bestimmungen zum Handgepäck

- *Informationen zu den neuesten Sicherheitsvorschriften, einen Gepäck-Ratgeber und Einpacktipps findet man unter www.handgepaeck-berater.de.*

Wertsachen

Auf die Mitnahme von **Wertsachen** sollte man möglichst verzichten. Gerade in Hostels muss man sehr aufpassen. Oft – aber leider noch nicht immer – gibt es dort Schließfächer. Für Geld und Geldkarten bietet sich ein **Geldgurt** an.

Elektrogeräte

Für **elektrische Geräte** braucht man einen Adapter, australische Steckdosen sind dreipolig! Der Föhn kann aber zu Hause bleiben. Er nimmt nur Platz weg und man hat sowieso nicht immer Stromanschluss. Besser ist eine pflegeleichte Frisur. Im Zweifelsfall löst der Sonnenhut alle Frisurprobleme.

Schlafsack

Wer zu Hause einen guten Schlafsack hat, sollte ihn mitnehmen. In vielen Hostels wird zwar Bettzeug gestellt – in manchen ist der eigene Schlafsack aus **hygienischen Gründen** sogar verboten –, aber eben nicht in allen. Dann kann zwar in der Regel einer ausgeliehen werden, aber das wird teuer. Außerdem ist im eigenen Schlafsack zu schlafen doch angenehmer. Auch wenn man sich spontan bei Freunden einquartiert, eine Campingtour oder eine lange Bus- oder Zugfahrt macht, leistet der Schlafsack gute Dienste.

Campingausrüstung

Außer dem Schlafsack braucht man keine Campingausrüstung, wie Zelt usw., nach Australien zu schleppen. In jeder größeren Stadt gibt es **Fachgeschäfte** für Campingausrüstung. Die so genannten *Disposal Shops* verkaufen zu vernünftigen Preisen. Teilweise kann man Zelte und Campingzubehör sogar ausleihen. Oder man kauft gebrauchte Sachen anderen Backpackern ab. Einfach in Hostels, Internetcafés und Reisebüros an die schwarzen Bretter schauen und sich umhören. Logisch, dass man die eigene Ausrüstung am Ende noch zu barer Münze macht.

Rucksack oder Koffer?

Auch wenn ein Koffer natürlich schicker aussieht: Ein Rucksack ist und bleibt für Backpacker am praktischsten. Manchmal muss man Gepäck durch unwegsames Gelände tragen und mit dem Rucksack hat man dabei die Hände frei. Ein guter Kompromiss kann ein sogenannter „Kofferrucksack" sein. Welcher Rucksack am geeignetsten ist, findet man im **Outdoorgeschäft** heraus.

☑ Mit einem großen und einem kleinen Rucksack ist man bestens ausgerüstet

Empfehlenswert ist auch ein **Schutzsack,** der für den Flug über den Rucksack kommt. So ist dieser recht gut vor Transportschäden geschützt. Der Flightbag kann außerdem zum Extra-Gepäckstück umfunktioniert werden, wenn man z. B. kleinere Touren macht und einen Teil des Gepäcks umpacken will.

08Sas Abb. yha

Handgepäck

Hier eignet sich ein kleinerer, robuster Rucksack mit gepolsterten Tragegurten. In diesen Tagesrucksack gehören all die Sachen, die man unterwegs in Bus, Zug und Flugzeug oder bei einem **Tagesausflug** braucht. Beim Fliegen daran denken, dass keine spitzen, scharfen und gefährlichen Sachen im Handgepäck mitgeführt werden dürfen.

Wer nicht jeden Tag und Abend mit seinem Rucksack herumrennen will, wird noch eine kleine **Tasche** für den Kleinkram wie Geldbörse, Schlüssel usw. mitnehmen.

Abschied

Ruhe bewahren und vorfreuen

Und wie laufen die Vorbereitungen? Trotz all dem Stress sollte man zwischendurch einfach immer mal innehalten, durchatmen und glücklich sein. Schließlich bereitet man sich jetzt auf genau das vor, was man schon immer machen wollte. Also: Sich auf Australien mit all den kommenden Abenteuern freuen und **Pläne schmieden** ist angesagt!

Abschiedsfeier

Wird der **Bekanntenkreis** rechtzeitig informiert, kann man sicherlich mit einigen Unverständniserklärungen, aber auch etlichen Hilfsangeboten rechnen. Und letztere sollte man ruhig nutzen – schließlich wollen und werden ja alle Helfer Postkarten und Mitbringsel aus Australien bekommen. Kurz vor der Abreise ist eine „offizielle" Abschiedsfeier recht praktisch. So hat man gleich viele Leute zusammen, kann sich von allen verabschieden und noch mal feiern.

Abschiedsgeschenke

Freunde und Verwandte sollte man ausdrücklich bitten, von zu großen Abschiedsgeschenken Abstand zu nehmen. Ansonsten wird man zwar jeden Tag in Australien beim Schleppen des Gepäcks an die Freunde daheim denken – aber nicht unbedingt mit großer Freude.

Land und Leute

◁ Australier sind für ziemlich jeden Spaß zu haben
(86as Abb.: fo, © urosr – Fotolia.com)

Geografie

Der fünfte Kontinent ist mit einer **Fläche** von rund 7,7 Mio. km² gut zwanzigmal größer als Deutschland. Seine Ost-West-Ausdehnung beträgt etwa 4000 km und die Nord-Süd-Spanne 3700 km. Die **Küstenlinie** entspricht mit ca. 36.700 km fast dem Umfang der Erdkugel. Auf dieser riesigen Fläche leben gerade mal ca. 23 Mio. **Einwohner,** was einen Durchschnittswert von 2,9 Menschen pro Quadratkilometer ergibt. Wenn man bedenkt, dass die meisten Menschen in den Großstädten leben bzw. sich an den Küsten im Osten und Süden angesiedelt haben, ahnt man, wie alleine man im australischen Outback sein kann. Der australische **Bush** beginnt, wenn man das städtische Siedlungsgebiet verlässt. Dieser Begriff umfasst Farmland, Wälder, Savannen und auch das Outback. Dort wird es noch etwas ungastlicher, denn das **Outback** steht für richtige Wildnis und Gegenden, in denen praktisch niemand lebt.

☑ Blick auf die „Zwölf Apostel" an der Great Ocean Road, Victoria

087as Abb: 1a, Tourism Australia Copyright

Politik und Verwaltung

Australien ist eine parlamentarische Monarchie mit der britischen Königin Elisabeth II. als Staatsoberhaupt. Deshalb zeigt Australiens Nationalflagge die britische Flagge (zusammen mit dem Commonwealth-Stern und dem Kreuz des Südens). Regierungschef ist der Premierminster bzw. die Premierministerin.

Staatswappen

Das australische Wappen zeigt auf dem Schild die Wappen der sechs Bundesstaaten des Commonwealth of Australia. Der Schild wird flankiert von Känguru und Emu. Diese typisch australischen Tiere sollen den Fortschritt Australiens symbolisieren – beide können nämlich nicht rückwärts laufen.

   Das Commonwealth of Australia besteht aus den sechs **Bundesstaaten** New South Wales (NSW, Hauptstadt: Sydney), Victoria (VIC, Melbourne), Queensland (QLD, Brisbane), South Australia (SA, Adelaide), Western Australia (WA, Perth), Tasmania (TAS, Hobart) sowie den **Bundesterritorien** Australian Capital Territory (ACT, Canberra) und Northern Territory (NT, Darwin). Die fünf erstgenannten Hauptstädte sind die einzigen Millionenstädte in Australien.

Zeitzonen

Australien ist in drei verschiedene Zeitzonen aufgeteilt, die der mitteleuropäischen Zeit zwischen 7 und 10 Stunden voraus sind. Die **Eastern Standard Time** (EST) gilt in New South Wales, Tasmania, Queensland und im Australian Capital Territory.

   In South Australia und im Northern Territory gilt die **Central Standard Time** (CST) und in Western Australia die **Western Standard Time** (WST). Die EST hat eine halbe Stunde Vorsprung zu der CST und ist der WST zwei Stunden voraus. Außer im Northern Territory, in Western Australia und Queensland gibt es eine **Sommerzeit**.

TIPP
Funkuhren

Obwohl die meisten Funkuhren unkompliziert auf andere Zeitzonen umgestellt werden können, gibt es bei der CST in South Australia und dem Northern Territory ein Problem. Oft ist die Verstellung nur im Stundentakt möglich. Hier beträgt die Abweichungseinheit aber eine halbe Stunde. Wer die Wahl hat, vertraut daher lieber einem Zeitmesser, den er beliebig verstellen kann.

Tierwelt

Australien hat eine einzigartige und spannende Tierwelt zu bieten. Viele **Tierarten sind endemisch,** das heißt, sie kommen nur auf dem australischen Kontinent vor.

Das größte fleischfressende **Säugetier** ist der Dingo, eine wilde Hundeart. Weitere, nur in Australien lebende Fleischfresser sind der Ameisenbeutler (Numbat) und der Tasmanische Teufel.

Bekannt ist Australien vor allem auch für seine **Beuteltiere,** von denen mehr als 140 Arten auf dem Kontinent leben, allen voran Kängurus, Wallabys, Koalas und Wombats.

Auch die Gruppe der **Kloakentiere** (Eier legende Säugetiere) ist nur in Ozeanien beheimatet. Berühmte Vertreter sind das Schnabeltier und der Ameisenigel (Echidna).

Ebenfalls ein typischer Vertreter Australiens ist der Laufvogel Emu, der die größte der zahlreichen in Australien lebenden **Vogelarten** ist. Es gibt außerdem auch viele Papageienarten, Pinguine und den Kookaburra (auch bekannt unter dem Namen Lachender Hans).

Auch im **Meer** hat Australien eine artenreiche Tierwelt zu bieten: Wale, Haie, Robben, Delfine sowie viele Fischarten, darunter auch der Clownfisch.

Oft hört man auch von den vielen gefährlichen und **giftigen Tieren** in Australien. 21 der 25 weltweit giftigsten Schlangenarten sind dort heimisch. Selbst einige Spinnenarten stellen eine lebensgefährliche Bedrohung dar. Haie, Krokodile und Quallen (*box jellyfish, marine stinger* oder auch *sea wasp*) machen die Gewässer unsicher.

Literaturtipp
„Was kriecht und krabbelt in den Tropen?" von Reto Kuster, REISE KNOW-HOW *Verlag, Bielefeld*

Die Australier sind sich dieses Risikos bewusst und gehen damit gelassen, aber nicht sorglos um. Schon allein der fast liebevolle Begriff „*salties*" für Salzwasserkrokodile („*freshies*" für *fresh water crocodiles* bzw. Süßwasserkrokodile) zeugt von positiver Akzeptanz. Die **Wahrscheinlichkeit,** dass man auf gefährliche Tiere trifft, ist eher gering. Wer auf den normalen Touristenpfaden wandelt, wird sich kaum in Gefahr begeben. Aber auch in weniger touristischen Gebieten sind Begegnungen nicht sehr häufig. Das beruht u. a. auf der Tatsache, dass die meisten Tierarten nicht aggressiv sind und einem Menschen aus dem Weg gehen oder kriechen, wenn sie sich nicht bedroht fühlen. Man sollte die Hinweise zu Gefahren und Tipps zur Ersten Hilfe in Reiseführern und Broschüren genau lesen, **Warnschilder** ernst nehmen, vor allem den Ratschlägen der Einheimischen Beachtung schenken und sich umsichtig verhalten.

⌃ Der Ameisenigel – oder auch Echidna genannt – ist ein Eier legendes Säugetier

UNESCO-Welterbe

Australien begeistert Reisende vor allem auch mit seinen zahlreichen beeindruckenden Natur- und Kulturdenkmälern, von denen 19 Stätten (Stand: Ende 2014) von der UNESCO zum Welterbe erklärt wurden (in Klammern der Bundesstaat bzw. das Territorium und das Jahr, in dem die Stätte gelistet wurde):

- *Great Barrier Reef (Queensland, 1981)*
- *Kakadu National Park (Northern Territory, 1981)*
- *Willandra Lakes Region (New South Wales, 1981)*
- *Lord Howe Island Group (New South Wales, 1982)*
- *Tasmanian Wilderness (Tasmania, 1982)*
- *Gondwana Rainforests of Australia (New South Wales/Queensland, 1986)*
- *Uluru-Kata Tjuta National Park (Northern Territory, 1987)*
- *Wet Tropics of Queensland (Queensland, 1988)*
- *Shark Bay (Western Australia, 1991)*
- *Fraser Island (Queensland, 1992)*
- *Australian Fossil Mammal Sites - Riversleigh/ Naracoorte (Queensland, South Australia, 1994)*
- *Heard and McDonald Islands (Bereich der Antarktis, 1997)*
- *Macquarie Island (Tasmania, 1997)*
- *Greater Blue Mountains Area (New South Wales, 2000)*
- *Purnululu National Park (Western Australia, 2003)*
- *Royal Exhibition Building and Carlton Gardens (Melbourne in Victoria, 2004)*
- *Sydney Opera House (New South Wales, 2007)*
- *Australian Convict Sites (verschiedene Gebiete in Australien, 2010)*
- *Ningaloo Coast (Western Australia, 2011)*

Nähere Informationen findet man im Internet unter http://whc.unesco.org/en/list.

Klima

Wie der Begriff Down Under schon vermuten lässt, ist in Australien einiges „anders rum". Die **Jahreszeiten** sind denen in Europa entgegengesetzt. So ist von September bis November Frühling, von Dezember bis Februar Sommer, von März bis Mai Herbst und von Juni bis August Winter.

Das Land, das sich über 30 Breitengrade erstreckt, weist mehrere **Klimazonen** auf. Knapp die Hälfte des Landes liegt nördlich vom Wendekreis des Steinbocks (*capricorn*) – in den Tropen.

An der **Nordküste** herrscht tropisches Klima mit ausgeprägten Trocken- und Regenzeiten (*dry and wet season*). Im australischen Sommer mit zum Teil sehr heftigen Regenfällen und Wirbelstürmen sind bestimmte Gebiete unpassierbar.

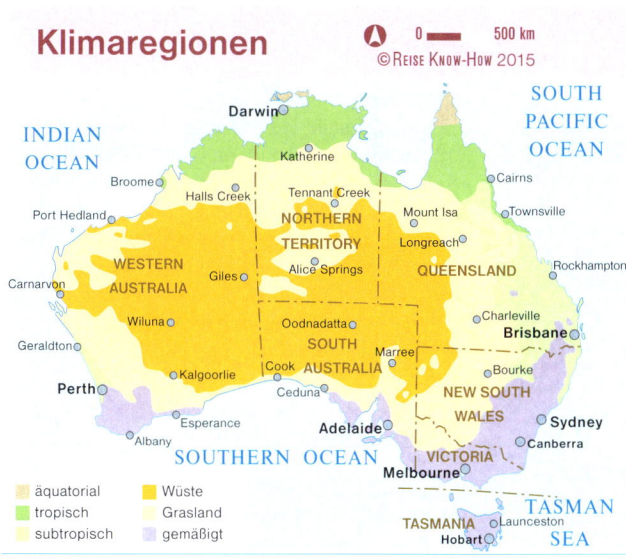

Klimaregionen

Im **Landesinneren** sind Temperaturschwankungen zwischen Tag und Nacht von 20 Grad Celsius und mehr keine Seltenheit. Im Sommer steigen die Temperaturen oft auf über 40 Grad. Im Winter, wenn tagsüber angenehme 20 Grad sind, kann das Thermometer über Nacht unter den Gefrierpunkt sinken. Je weiter man ins Landesinnere kommt, desto geringer werden die Niederschläge. Die Wasserknappheit und die damit einhergehende Dürre, die kollabierende Landwirtschaft und Buschbrände sind seit jeher ein Thema in Australien. Auf dem Land leben die Menschen hauptsächlich von Wasser aus großen Wassertanks, die sie in den Regenperioden füllen und deren Inhalt dann sparsam verwendet bis zur nächsten Regenzeit reichen muss.

Weiter südlich sind die einzelnen Jahreszeiten etwas ausgeprägter. Richtig kalt wird es nur selten und in wenigen Gebieten, wie in den Snowy Mountains in New South Wales und im nordöstlichen Teil von Victoria. Dort reicht der Schnee dann auch für Wintersport. Auch auf Tasmanien können die Winter kalt und feucht werden, die Sommer sind trocken und warm. An der **Ostküste** Australiens sind die Winter trocken und mild und die Sommer schwülfeucht und heiß.

Naturgewalten

In Australien kommt es jedes Jahr zu gefährlichen **Buschbränden,** die für Mensch und Natur verheerend sein können. Gerade an heißen, trockenen, windigen Tagen muss man auf dem regenarmen Kontinent extrem vorsichtig mit offenem Feuer umgehen. Es sollte selbstverständlich sein, dass man keine brennenden Zigarettenkippen wegwirft, kein Glas oder sonstigen brennbaren Abfall.

In gefährdeten Gebieten stehen oft Schilder, die auf die Buschbrandgefahr hinweisen. Diese Warnhinweise müssen unbedingt beachtet werden. Ist die Buschbrandgefahr groß, ist jegliche Art von Feuermachen untersagt. In Zeiten hoher Feuergefahr sollte man sich zusätzlich über das Radio, Fernsehen oder Zeitungen und bei Einheimischen

Wetterbericht
Ausführliche Infos zum australischen Wetter und den aktuellen Wetterbericht gibt es beim Bureau of Meteorology.
■ *www.bom.gov.au*

◁ Schilder zeigen die Feuergefahr an

TIPP

Ausreichend cremen

Wenn man seine Sonnenschutzmittel (sunscreen) im Supermarkt kauft und auf Produkte von bekannten Marken verzichtet, kann man viel Geld sparen. Für Leute, die sich etwas mehr Reisegepäck leisten können, gibt es die Sonnenmilch gleich literweise im Kanister. Mit Sonnenschutzfaktor 30 ist man als blasser Europäer gut beraten. Ist man längere Zeit unter freiem Himmel, muss man den Sonnenschutz auch regelmäßig erneuern. Und keine Sorge, man wird trotzdem braun.

Ausreichend trinken!

Ganz wichtig ist es auch, regelmäßig Flüssigkeit (am besten Wasser) zu sich zu nehmen. Bei Hitze und körperlicher Bewegung verliert der Körper durch Verdunstung viel Wasser - was man bei hoher Luftfeuchtigkeit und einem Lüftchen nicht mal unbedingt merkt. Daher muss man immer ausreichend Trinkvorräte mit sich führen und dem Körper auf jeden Fall in regelmäßigen Abständen (am besten alle 15 Minuten) Flüssigkeit zuführen, sonst droht ein Sonnenstich oder sogar Hitzschlag.

informieren und gegebenenfalls den Anweisungen der Behörden strikt Folge leisten. Gefährdete Gebiete sollte man dann weiträumig meiden. Wenn man im Bush unterwegs ist und Rauch sieht, muss man schnell reagieren und sich sofort auf offenes Gelände begeben. Ist man mit dem Fahrzeug unterwegs, bleibt man im Fahrzeug und sucht dort so lange Schutz, bis das Feuer eindeutig vorbeigezogen ist.

Zu Beginn der Regenzeit, wenn die schwüle Hitze unerträglich wird, kommt es im tropischen Norden Australiens neben starken Regengüssen auch zu heftigen **Gewittern.** Diese sind mit ihren vielen Blitzen zwar sehr imposant und eindrucksvoll, aber nicht ungefährlich. Außerdem kann der starke Regen zum Teil zu heftigen **Überschwemmungen** führen.

Außerdem können während der Regenzeit **Zyklone** die australischen Nordküsten heimsuchen.

In der Trockenzeit kommt es in wüstenähnlichen Gebieten häufig zu heftigen, tornadoähnlichen **Sandstürmen.** Die kleinere und harmlosere, oft im Zentrum Australiens auftretende Variante eines solchen Wirbelsturms nennen die Australier *willy willy.* Aber selbst dieses Naturschauspiel möchte man am liebsten nur aus dem schützenden Inneren eines Fahrzeugs oder Hauses erleben.

Sonnenschutz

Selbst wenn es nicht so heiß ist, sollte man an das Thema **Ozonloch** und damit an Sonnenschutz denken. Die Sonne scheint in Australien stärker als in den meisten Ländern und selbst wenn es wolkig ist, kann man sich sehr leicht einen Sonnenbrand holen. Mittlerweile gehen die Australier sehr bewusst mit dem Thema Sonnenschutz um. Müssen sie auch – mit einer der höchsten Hautkrebsrate weltweit. *„Slip, slop, slap."* Diesen Spruch und damit den richtigen Schutz vor der Sonne, lernen die Australier schon im Kindergarten: *„Slip on a T-shirt, slop on the sunscreen and slap on a hat."*

Wenn man sich richtig schützt, gibt es keinen Grund zur Panik. Eine gute Sonnenbrille, ein Hut und bedeckte Schultern sollten im Alltag selbstverständlich sein. Außerdem ist die Sonne um die Mittagszeit herum zu meiden, weil sie dann erbarmungslos brennt.

Reiseroute und Reisezeit

Als Faustregel kann man sagen, dass klimabedingt die beste Reisezeit für den **Süden** der Sommer ist (gute Reisebedingungen von September bis April). Den tropischen **Norden** und das Outback im **Zentrum** bereist man am besten in der Trockenzeit bzw. im Winter (Mai bis Oktober).

Hält man sich an dieses Schema, hat man gute Chancen, an **Jobs** zu kommen. In den Monaten der Trockenperiode ist im Norden die **Obsterntezeit.** Auch die **Tourismusindustrie,** die immer fleißige Hände und flinke Füße braucht, boomt dann. Wenn in den Tropen die Regenzeit beginnt, gibt es kaum noch Jobs im Gastgewerbe. Einige Erntearbeiten, die es vor allem im Bereich zwischen Cairns und

Brisbane und weiter entlang der Ostküste Richtung Sydney gibt, dauern bis in den schwülen Dezember. Auch im nördlichen Teil von **Westaustralien** wird zwischen April und Dezember Obst und Gemüse geerntet. Im **Northern Territory** ist die Landwirt-

Feiertage

- *Neujahrstag: 1. Januar*
- *Australia Day: 26. Januar. Feiertag zur Erinnerung an den 26. Januar 1788, als Captain Arthur Phillip die britische Flagge in der Sydney Cove hisste und die Europäer erstmals Fuß auf australischen Boden setzen.*
- *Ostern: Karfreitag bis Ostermontag*
- *ANZAC Day: 25. April. Feierlichkeiten zum Gedenken an das Australian and New Zealand Army Corps (ANZAC).*
- *Queen's Birthday: zweiter Montag im Juni*
- *Christmas Day: 25. Dezember*
- *Boxing Day: 26. Dezember*

Außerdem gibt es noch weitere Feiertage, die nur für einzelne Bundesstaaten, Territorien oder auch Städte gelten.

Schulferien

Es gibt in Australien vier Schulferien im Jahr, deren Termine je nach Bundesstaat und Territorium etwas variieren: Osterferien (April), Ende Juni-Mitte Juli, Ende September-Mitte Oktober, Weihnachtsferien (Mitte Dezember-Ende Januar). Zu diesen Zeiten sind Unterkünfte und auch Flüge am teuersten und oft schon lange im Voraus ausgebucht.

Reisezeiten im Internet

Eine praktische Übersicht zu günstigen Reisezeiten und Klimatabellen für ausgewählte Gebiete und Städte findet man auf folgender Website:

- *www.australien-info.de/reisezeit.html*

schaft nicht sehr verbreitet, dafür finden sich zur Hochsaison zwischen Mai und September viele Jobs im Tourismusbereich.

In den Sommermonaten gibt es Jobs im Tourismus und Gaststättenwesen im Süden. Das **Hotelwesen** in den Städten Sydney, Melbourne und Adelaide lebt dann auf. In der Umgebung dieser Städte, aber auch in **Südwestaustralien,** beginnt ungefähr im Februar die Erntezeit. Auch auf **Tasmanien** hat man bis April gute Chancen, als **Erntehelfer** unterzukommen.

Silvester in Sydney an der Harbour Bridge

TIPP
Der antizyklische Trick

Natürlich dienen die Angaben nur als Anhaltspunkt. Mancher hat zu anderen Zeiten Glück. Außerhalb der Saison gibt es zwar weniger Jobs, aber auch weniger Leute, die danach fragen. Gerade in entlegenen Gegenden suchen Rasthäuser, Pubs oder Farmen ganzjährig Arbeitskräfte.

Top-Events im Jahresüberblick

Januar

- *Australian Open, Melbourne, www.australianopen.com. Das erste von vier Grand-Slam-Tennisturnieren jedes Jahr.*
- *Australia Day, 26. Januar, www.australiaday.com.au (für Sydney). Der Nationaltag wird mit Feierlichkeiten im ganzen Land begangen.*
- *Sydney Festival, www.sydneyfestival.org.au. Kunst, Musik und Theater werden in der Metroplole zelebriert, viele Events sind gratis.*

Februar

- *Adelaide Fringe Festival of the Arts, www.adelaidefringe.com.au. Dieses Festival ist offen für jeden, der künstlerisch etwas zu bieten hat.*
- *Sydney Gay and Lesbian Mardi Gras, www.mardigras.org.au. Das weltweit größte Schwulen- und Lesben-Festival dauert mehrere Wochen und endet mit einer großen Parade durch die Oxford Street.*

März

- *Australian Formula One Grand Prix, Melbourne, www.grandprix.com.au. Schnell, schneller, Formel 1.*
- *WOMADelaide, Adelaide, www.womadelaide.com.au. WOMAD steht für World of Music, Arts & Dance. Weltmusik vom Feinsten.*
- *Melbourne Fashion Festival, www.lmff.com.au. Glamouröse Modeshow in der Modehauptstadt Australiens.*
- *Brisbane Comedy Festival, www.briscomfest.com. Nationale und internationale Comedians zeigen hier ihr Können.*

April

- *Melbourne International Comedy Festival, www.comedyfestival.com.au. Komiker aus aller Welt bringen hier das Publikum zum Lachen.*
- *Byron Bay Bluesfest, Byron Bay, www.bluesfest.com.au. Das Festival für Liebhaber von Bluesmusik.*

Mai

- *Canberra International Music Festival, www.cimf.org.au. Klassische Musik steht bei diesem Festival auf dem Programm.*

Juni

- *Sydney Film Festival, www.sff.org.au. Hier werden nationale und internationale Filme vorgestellt.*

Juli

- *Melbourne International Film Festival, www.miff.com.au. Australiens größtes Filmfestival.*

- Camel Cup, Alice Springs, www.camelcup.com.au. Berühmtes Kamelrennen in Alice Springs.
- Beer Can Regatta, Darwin, www.beercanregatta.org.au. Bei dieser lustigen Regatta sind nur Boote, die aus Bierbüchsen gebaut sind, zugelassen.

August

- Festival of Darwin, www.darwinfestival.org.au. Darwin feiert mit Musik, Tanz und Theater.
- Isa Rodeo, Mount Isa, www.isarodeo.com.au. Eines der größten Rodeos der Welt.
- Melbourne Writers Festival, www.mwf.com.au. Lesungen und Workshops für Literaturinteressierte.
- Henley on Todd Regatta, Alice Springs, www.henleyontodd.com.au. Eine Regatta in einem ausgetrockneten Flussbett – da ist der Spaß beim Zuschauen vorprogrammiert.

September

- Australian Football League Grand Final, Melbourne, www.afl.com.au. Das Finale wird im MCG ausgetragen und australienweit vor dem Fernseher verfolgt.
- Floriade, Canberra, www.floriadeaustralia.com. Das Blumen- und Unterhaltungsfestival findet jährlich im Commonwealth Park statt.

Oktober

- Melbourne Festival, www.melbournefestival.com.au. Melbournes großes Festival der zeitgenössischen Künste wie Musik, Tanz und Theater.

November

- Melbourne Cup, www.melbournecup.com. Das Ereignis für Liebhaber von Pferderennen. Der Tag wird im schicken Outfit und natürlich mit Hut begangen.

Dezember

- Sydney to Hobart Yacht Race, www.rolexsydneyhobart.com. Das weltbekannte Yachtrennen startet jedes Jahr am 26.12. in Sydney.
- Falls Festival, Marion Bay (Tasmanien), Byron (New South Wales) und Lorne (Victoria), www.fallsfestival.com.au. Mehrtägiges entspanntes Musik- und Kunstfestival an drei Locations.

Auf der Website von Tourism Australia kann man sich über weitere Veranstaltungen informieren bzw. auch nach Events suchen:
- www.australia.com/de/explore/australian-events/major-events.aspx

Die Australier

Australien war und ist ein großes **Einwanderungs-land.** Während anfangs Briten und Iren – nicht immer freiwillig – ins Land strömten, kamen nach dem Zweiten Weltkrieg große Scharen anderer europäischer Nationalitäten wie Griechen und Italiener, aber auch Deutsche und Niederländer ins Land. Später suchten vor allem Menschen aus dem asiatischen Raum, wie Vietnam und China, in Australien eine neue Heimat. Besonders in den Städten findet man heutzutage eine bunte Mischung aus den verschiedensten Völkern, die sich ihre eigenen Lebensräume geschaffen haben und recht gut nebeneinander leben.

Literaturtipp
„KulturSchock
Australien" von
Elfi H. M. Gilissen,
Reise Know-How
Verlag, Bielefeld

Der Lebensstil eines „Durchschnitts-Australiers" unterscheidet sich aber nicht allzu sehr von dem in anderen westlich-orientierten Ländern.

No worries, mate

Es wird den Australiern (kurz: *Aussies*) eine gewisse **Gelassenheit** nachgesagt. Durch alle Bereiche des alltäglichen Lebens zieht sich eine recht lockere Grundeinstellung. Hektik und Stress findet man höchstens mal in den Großstädten. Begriffe wie *laid back* oder *easy going* drücken die entspannte Lebenseinstellung gut aus. Den Satz *„no worries"* (kein Problem, alles klar) wird man öfter hören. Vieles wird nicht allzu ernst und verbissen gesehen. Gern machen die Australier mal ein Späßchen – trockener **Humor** ist ihre Spezialität. So richtig eilig ist wenig, man kann es ja auch noch morgen erledigen. Auch der Job ist für etliche eher Mittel zum

Proudly Australian
Den Stolz merkt man vielen australischen Firmen und Geschäftsleuten an. Für die eigenen Produkte und Dienstleistungen wird mit Sprüchen wie „proudly Australian", „Our products are proudly Australian made" oder „Proudly Australian owned and operated" geworben.

Zweck und läuft nach Möglichkeit mit Spaß und wenig Stress ab.

Die **Freizeit** ist den Aussies sehr wichtig, gesellige Treffen mit Freunden in Pubs oder beim Barbecue (auch: BBQ oder *barbie*) sind keine Seltenheit. Viele zieht es ins Freie, in Parks und an die Strände. Dort können sie außerdem ihrem geliebten **Sport** frönen. Sei es nun aktiv oder passiv – sportbegeistert sind sie eigentlich alle. Es gibt kaum eine Sportart, die es in Australien nicht gibt.

☝ Strand, Sonne, Surfen, Angeln – Australier lieben es entspannt

Sprache

Der **Australische Slang** (*Strine* – genuschelt für Australian) muss erst einmal verdaut werden. Kommt man in den kosmopolitischen größeren Städten noch relativ gut klar, versteht man in den ländlichen Gegenden anfangs nicht sehr viel. Die Leute nuscheln gern (angeblich, damit ihnen keine Fliegen in den Mund geraten), reden oft sehr schnell, nutzen für viele Wörter Abkürzungen und haben für etliche Dinge eigene Wörter erfunden, die überhaupt nichts mit dem Schulenglisch zu tun haben.

Literaturtipps
„Australian Slang" und „Englisch für Australien" von Elfi H. M. Gilissen, REISE KNOW-HOW Verlag, Bielefeld

Umgang mit Touristen

Die Australier treten einem in der Regel sehr freundlich gegenüber. Sie sind **offen und redselig,** sodass man oft einfach angeschwatzt und nach dem woher und wohin gefragt wird. Dass die Australier **stolz** auf ihr Land sind (s. Kasten), merkt man schnell. Sie lieben es, den Touristen die Schönheit ihres Landes nahe zu bringen. Viele haben gleich Vorschläge parat, in welche Ecke man unbedingt fahren soll und welche Sehenswürdigkeiten man auf keinen Fall verpassen darf. Mit dem Gesprächsthema *„beautiful Australia"* liegt man eigentlich immer richtig.

Zudem glauben Australier an *„The Lucky Country"* und legen eine ausgeprägte **Wettbewerbsbereitschaft** an den Tag. Auch wenn etwas in Australien vielleicht nicht das größte, längste, schwerste, älteste der Welt ist und somit nicht den Weg ins Guinness-Buch der Rekorde findet, für den Spitzenplatz in der südlichen Hemisphäre reicht es meistens doch und das wird auch überall kundgetan. Australier erweisen sich generell als sehr **hilfsbereit.** Sei es, dass man keinen Hammer zum Einschlagen der Heringe beim Zelten hat oder das Auto nicht anspringt. Binnen kürzester Zeit wird sich ein Australier zu einem gesellen und fragen, ob es Probleme gibt. Oder er bietet gleich, mit Hammer oder Startkabel in der Hand, seine Hilfe an.

Es kann auch durchaus passieren, dass einem Leute schon nach einem netten Gespräch oder ei-

How are you today?

Immer wieder wird man die Frage „How are you?" hören. Jede Verkäuferin und jeder Rezeptionist sorgt sich anscheinend um das Befinden seines Mitmenschen. Allerdings ist die einzig richtige Antwort auf diese Frage ein „Fine, thanks" - auch wenn es einem gar nicht gut geht. Die Frage ist einfach eine Floskel und ihr sollte mit Gelassenheit und einem Lächeln begegnet werden.

In Australien ist es auch üblich, sich mit Vornamen anzureden. Verbunden mit dem automatischen Duzen im Englischen schafft das eigentlich recht schnell eine lockere und herzliche Atmosphäre.

ner gemeinsamen Zugfahrt ihre **Visitenkarte** in die Hand drücken. Man soll sich doch mal melden, wenn man in der Gegend ist. Die Australier machen sich schnell Freunde und sind mit Einladungen recht eifrig. Bei **spontanen Einladungen,** wie z. B. zum Bier im Pub, sollte man nicht lange überlegen. Allerdings muss man wissen, dass die Australier oft in Gruppen trinken gehen und dann jeweils einer die Runde für alle bezahlt. Deshalb sollte man anbieten, dem edlen Spender einen auszugeben (*„my shout"*). Bei **längerfristigen Einladungen** wird es schon etwas schwieriger. So schnell wie die Australier eine Einladung aussprechen, so schnell haben manche sie auch wieder vergessen. Meist hat man die Leute nur kurz kennengelernt und muss zwischen den Zeilen lesen, wie ernst man eine Einladung nehmen kann. Eher o.k. ist es, wenn man bereits enge Bekanntschaft mit Australiern gemacht hat und an deren Freunde „weitergereicht" wird. Auf jeden Fall sollte man immer erst telefonisch abklären, ob und wann man zu Besuch kommen kann. Ist man willkommen, darf man die australische Gastfreundschaft in vollen Zügen genießen.

Die Aborigines

Auch wenn man mit Australiern über fast alles reden kann, die Ureinwohner des Kontinents sind ein unbeliebtes und **schwieriges Thema.** Viele weiße Australier haben Probleme, die Aborigines zu akzeptieren und sehen sie als nutzlose Alkoholiker. Eine Diskussion über diese konservative und vorurteilsvolle Meinung bringt

Aborigine? Aboriginal?

In der deutschen Literatur ist der Begriff „Aborigine" fast überall gebräuchlich, die australischen Ureinwohner hörten die Begriffe „Aborigines" oder auch „Aboriginals" jedoch bisher nicht gern. In Australien verwendet man häufig die politisch korrektere Bezeichnung „Aboriginal people". Allerdings scheint der Begriff „Aborigine" einem Wandel unterzogen zu sein und wird zunehmend von den Ureinwohnern gebilligt. Sie selbst nutzen verstärkt (meist regionale) Selbstbezeichnungen, z. B. Koori, um sich zu identifzieren.

wenig. Nur wenn man Australier länger und gut kennt, ist ein Gespräch über die Aborigines angebracht. Offen für das Thema sind meist Reiseleiter, denn sie kennen die Neugier und die Fragen der Touristen.

Allerdings sollte man als Ausländer die Augen nicht vor dem australischen Alltag verschließen. Die uns Europäer so faszinierende spirituelle Kultur der Aborigines gibt es leider fast nicht mehr. Die Ureinwohner wurden aus den meisten Gebieten des Landes vertrieben und – mehr oder weniger der Zivilisation angepasst – in **Reservaten,** aber auch in Städten angesiedelt.

Erst ab den 1960er-Jahren schlug die Regierung Australiens langsam einen anderen Kurs ein. Land, das den Aborigines heilig ist, wurde ihnen wieder zugesprochen. Nach einem Regierungswechsel entschuldigte sich im Jahr 2008 erstmals ein Premierminister im Namen der australischen Regierung bei den Ureinwohnern für das ihnen angetane Unrecht und das daraus entstandene Leid.

⌄ Unbedingt probieren: bush tucker – traditionelle Speisen der Aborigines

In zahlreichen Museen wird Geschichte aufgearbeitet, der frühere Umgang mit den Aborigines kritisch beurteilt sowie ihre Kultur und ihr religiöses Glaubensgut dem Besucher nähergebracht. Center in den **Nationalparks** bieten Ausstellungen, Vorführungen und Gespräche zum Leben der Aborigines. Oft sind es Nachfahren der Ureinwohner selbst, die Vorträge halten und für ein Verständnis ihrer Kultur wirken.

Die Aborigines sind normalerweise sehr zurückhaltend und beachten einen nicht. Als Tourist wird man ihnen auch nicht oft begegnen, denn in die abgeschiedenen Reservate, in denen viele in so genannten **Communities** leben, kommt man meist nur mit einer Sondergenehmigung. In den Städten – gerade im Landesinneren – zeigt sich leider oft, dass man die Aborigines nicht einfach in die „weiße" Kultur integrieren kann. Sie haben eine völlig andere Lebensweise, können sich nicht einfach an das Leben in den Städten anpassen und viele sind u. a. deswegen dem **Alkohol** verfallen.

TIPP

Respekt

An den heiligen Stätten wie z. B. dem Uluru (Ayers Rock) hat man sich entsprechend würdevoll zu verhalten. Nicht immer ist fotografieren erlaubt und außerdem sollte man Aborigines immer erst fragen, wenn man sie fotografieren will.

Alkohol-Kontakt

Es passiert, dass man von betrunkenen Aborigines wegen Alkohol angesprochen wird. Sie werden in Pubs oder Alkoholgeschäften – zumindest wenn sie schon angetrunken sind – oft nicht bedient. Daher bitten sie andere, für sie Alkohol zu kaufen. Manche wollen einem auch kleine Handarbeiten verkaufen. Solche Situationen, in denen man meist eine Mischung aus Ratlosigkeit, Mitleid und Verständnis empfindet, sind schwierig. Egal, wie man sich verhält, **auf keinen Fall** sollte man für Aborigines Alkohol kaufen.

SWIM
BETWEEN
THE FLAGS

Tipps zum Ein- und Überleben

◁ Strände gibt es in Australien reichlich – dieser ist auch sicher
(92as Abb.: fo, © robynmac – Fotolia.com)

TIPP

Reisetagebuch

Auch wenn man es sonst vielleicht nicht macht, das Führen eines Reisetagebuches lohnt sich. So hat man später noch den Überblick über die Stationen der Reise, kann Fotos und Erlebnisse leichter zuordnen oder einfach nur in seinen Erinnerungen schwelgen.

Greeter Service

In mehreren australischen Städten (Melbourne, Adelaide, Brisbane) werden von ehrenamtlich arbeitenden Einwohnern kostenlose, zwei- bis vierstündige Stadtführungen angeboten. Nähere Infos und Termine auf der Website des Global Greeter Netzwerks unter www.globalgreeternetwork.info

Erst mal „ankommen"

Die ersten Tage in Australien sollte man sich Zeit zum „Ankommen" lassen, damit man ein **Gefühl** für Land und Leute bekommt, sich an den Dialekt der Australier gewöhnt und Leute kennen lernt. Danach kann man sich motiviert und offener an die Jobsuche oder die große Planung machen.

Kommunikation

Internet

In Australien findet man selbst in entlegenen Orten **Internetcafés** bzw. Computer mit Internetanschluss, die per Münzeinwurf oder mit Chipkarte funktionieren. Viele Backpacker-Reisebüros bieten Internetservice an. Dort bekommt man teilweise Gratiszugang, wenn man beispielsweise eine Tour bucht.

In **Hostels** hat man fast immer Internetzugang beziehungsweise auch WLAN, allerdings meist nur gegen Gebühren. Angebote wie kostenloser Internetzugang beim Einchecken oder tägliche Gratisminuten sollen die Backpacker anlocken.

Auch auf Bahnhöfen und Flughäfen findet man oft Gelegenheit zu einer schnellen E-Mail. Nicht zu vergessen sind die öffentlichen Bibliotheken. In einigen kann man (oft nur nach Voranmeldung) auch kostenlos surfen. Die **Preise** für die Internetnutzung variieren stark (ca. 2–5 $/h).

Australische Internetcafés

- *www.gnomon.com.au/publications/netaccess*

Wer seinen Laptop, sein Tablet oder Smartphone dabei hat, findet vielerorts draht- und zum Teil auch kostenlosen Internetzugang – **WLAN** bzw. auch WiFi genannt. Gerade in Cafés und Gastronomieketten gibt es oft kostenlose Hotspots. Außerdem kann man sich bei einer australischen Telefongesellschaft (s. S. 90) einen **Surfstick** (einer von zu Hause funktioniert meist nicht) oder einen mobilen **WLAN Hub** besorgen. Da sich die technischen Möglichkeiten heutzutage rasant entwickeln, sollte man sich am besten vor Ort beraten lassen und sich in Internetforen informieren, welche Option für einen am ehesten in Frage kommt.

Australische Wi-Fi-Hotspots

- *www.wififreespot.com/aus.html*
- *http://v4.jiwire.com*
- *www.freewifi.com.au*

Eine eigene E-Mail-Adresse, auf die man von jedem beliebigen Computer mit Internetanschluss aus zugreifen kann, ist heutzutage selbstverständlich. Bei Anbietern, wie web.de, gmx, Google Mail und anderen, bekommt man sie sogar kostenlos.

Etliche Anbieter von E-Mail-Services bieten auch gleich noch (oft kostenlosen) virtuellen Speicherplatz für ihre Nutzer an. Oder man schickt sich einfach eine E-Mail mit einem Dokument als An-

Netzwerke, Blogs und Online-Fotoalben

Wer Freunde und Verwandte mit Informationen per Internet auf dem Laufenden halten will, kann sich ein Blog (z. B. unter www.wordpress.de, www.mymapblog. com und www.travelpod.com) basteln bzw. seine Digitalfotos online stellen (z. B. www.flickr.com), ein Profil in Online-Netzwerken erstellen (z. B. www.facebook.de) oder twittern (www.twitter.com).

09३as Abb. yha

In fast allen Hostels kann man Internet- und Telefonanschlüsse nutzen

hang an die eigene Adresse. Das funktioniert für alle digitalisierbaren Dokumente von persönlichen Unterlagen bis zu Fotos oder gar Videos. So kann das eigene E-Mail-Konto auch als kostenloser **Dokumentenspeicher** fungieren.

Bookmarks und Dokumente speichern

- *www.delicious.com*
- *www.drive.google.com*
- *www.dropbox.com*
- *www.mediafire.com*

Telefon

Öffentliche oder private Telefonanschlüsse

Die große Mehrheit der öffentlichen **Telefonzellen** der Telefongesellschaft Telstra funktioniert mit Telefonkarten und Münzen. Von den Apparaten können meist auch Textnachrichten (SMS) versendet werden. **Telefonkarten** (*phone cards*) ab einem Wert von 2 $ gibt es bei der Post und in vielen Geschäften. Ein Ortsgespräch aus Telefonzellen kostet 50 c/Minute.

Öffentliche Telefone (*payphone, public phone*) in Hostels oder Restaurants haben zum Teil teurere Tarife, wenn sie privaten Betreibern gehören. Die australischen Telefonzellen können leider nicht angewählt werden. Manche Hostels bieten eine Telefonnummer, unter der man sich anrufen lassen kann.

Von Telstra gibt es auch **Phoneaway Cards.** Diese Karten, erhältlich ab einem Wert von 5 $ und online aufladbar, funktionieren über eine kostenlose Zugangsnummer und eine PIN. Sie sind praktisch, wenn man beispielsweise einen Privatanschluss nutzen möchte, aber die Gebühren selber zahlen will oder soll.

Mit sogenannten *prepaid, calling* oder *international phonecards* (z. B. Daybreak, OzCall, GoBananas) ist ein Anruf nach Hause recht preiswert. Es gibt etliche Anbieter solcher Karten mit Tarifen, die man vergleichen muss. Zuerst wählt man sich gebührenpflichtig ins örtliche oder australienweite Netz des Kartenanbieters ein und gibt dann die PIN der Karte ein. Es ist auch die Einwahl über eine gebührenfreie 1800er Nummer möglich. Die eigentlichen **Gesprächsgebühren** richten sich auch nach der entsprechenden Einwahl zur Telefongesellschaft. Die **Telefonkarten,** die es beispielsweise in Zeitungsläden gibt,

Vorwahlen

- *nach Australien: 0061*
  von Australien …
- *… nach Deutschland: Tel. 01149*
- *… nach Österreich: Tel. 01143*
- *… in die Schweiz: Tel. 01141*

TIPP

Preiswert nach Australien telefonieren

Für die Daheimgebliebenen und für Anrufe im Reisevorfeld: Anbieter günstiger Vorwahlen findet man unter

- *www.billiger-telefonieren.de*
- *www.teltarif.ch*

Telefonieren übers Internet

Übers Internet lassen sich Gespräche per VoIP (Voice over IP) sehr günstig und in recht guter Qualität führen, z. B. www.skype.com.

TIPP

WhatsApp

Mit der Messenger-Applikation „WhatsApp" können kostenlos Textnachrichten und auch Dateien verschickt werden.

■ *www.whatsapp.com*

Tarifvergleich bei Mobiltelefonen

Die Website von WhistleOut hilft beim Tarifvergleich, wenn man sich in Australien ein Mobiltelefon oder eine SIM-Karte zulegen will. Neben dem Preis auch auf die Netzabdeckung achten!

■ *www.whistleout.com.au/ MobilePhones*

können bei der Post oder per Kreditkarte wieder aufgeladen werden. In der Regel verfügen sie über einen integrierten Anrufbeantworter *(voicemail)*.

Handys und Smartphones

Wer sein Handy, in Australien *mobile phone* oder auch *cell(ular) phone* genannt, von zu Hause mitbringt, hat mehrere Möglichkeiten. Es weiter über den heimischen Anbieter laufen zu lassen ist sehr teuer und macht daher keinen Sinn.

Eine gute Alternative sind australische **Prepaid-Karten,** die man gegen die deutsche SIM-Karte austauscht. Wenn man schon Prepaid-Karten nutzt, ist darauf zu achten, dass das Mobiltelefon keine SIM-Lock-Sperre hat. Informationen und Freischaltcodes bekommt man, zum Teil nur gegen Gebühr, beim heimischen Mobilfunkanbieter. Erhältlich sind Prepaid-Karten unter anderem in Zeitungsläden. Wer nicht nur an die Ostküste und in große Städte will, ist mit einer Karte von Telstra gut beraten. Telstra ist die Tefefongesellschaft mit der besten – aber noch lange **nicht flächendeckenden – Netzabdeckung** in Australien.

Bei einem längeren Aufenthalt kann sich der Abschluss eines **normalen Kartenvertrages** mit günstigeren Tarifen lohnen.

Telefongesellschaften in Australien

Informationen zu Verträgen, Prepaid-Karten und Tarifen:

■ *www.telstra.com.au*　　■ *www.gotalk.com.au*
■ *www.vodafone.com.au*　　■ *www.optus.com.au*
■ *www.lebara.com.au*　　■ *www.iinet.net.au*
■ *www.virginmobile.com.au*

Post

Postempfang

Post kann man sich **postlagernd** an das Hauptpost-amt des jeweiligen Ortes zusenden lassen. Das ist nicht nur praktisch, um sich an Briefen aus der Hei-mat zu erfreuen, sondern auch für die Zusendung von australischen Dokumenten, wie z. B. der Steuer-nummer. Die **Anschrift** für postlagernde Sendun-gen sollte so aussehen:

> **Hans MUSTERMANN**
> *(den Familiennamen groß schreiben,*
> *damit es nicht zu Verwechslungen*
> *mit dem Vornamen kommt)*
> **Poste restante**
> **Main Post Office**
> **Sydney, NSW**
> **2000**
> **Australia**

Die australische Post

Auf der Website kann man nach dem Postcode suchen, es gibt einen Post Office Locator, Infos zu den Tarifen u. v. m. – www.austpost.com.au.

094as Abb. kp

◁ Das Postamt von Eumundi, Queensland

Die **Postleitzahl** des jeweiligen Postamtes kann man im Postamt oder auf der Website der Post erfahren, aber u.a. auch in Reiseführern nachlesen. Auf dem Postamt kann die Sendung gegen Vorlage eines Ausweises abgeholt werden. Briefe und Päckchen werden einen Monat aufgehoben und dann an den Absender zurückgeschickt. Es ist auch möglich, sich die Post gegen eine Gebühr per **Nachsendeantrag** (www.movingservices.com.au) in eine andere Stadt weiterschicken zu lassen.

Bankkonto

Bei längerem Aufenthalt in Australien lohnt sich die Einrichtung eines Bankkontos. (Das australische Konto vor der Abreise aufzulösen, ist problemlos.) Will man arbeiten, ist es sogar unbedingt **erforderlich.** Barauszahlungen des Lohns sind heutzutage sehr selten, Schecks auch. Normalerweise wird das Geld aber direkt auf ein Bankkonto überwiesen.

Die Einrichtung eines Bankkontos sollte **innerhalb der ersten sechs Wochen** nach der Ankunft in Australien erfolgen. In diesem Zeitraum reicht in der Regel der Reisepass als Identifikationsnachweis aus. Nach dieser Frist müssen meist noch weitere Unterlagen (wie z.B. ein Mietvertrag) vorgewiesen werden.

Bei der **Eröffnung des Kontos** sollte man sich beraten lassen, da die Konditionen variieren. In der Regel wird ein **Savings Account** geeignet sein. Eine monatliche **Kontogebühr** ist meist zu zahlen – darauf achten, dass möglichst viele Transaktionen kostenfrei sind. Online-Banking ist in den Leistungen meist enthalten, bedarf aber

TIPP

Geld nach Australien überweisen

Bisher fielen recht hohe Gebühren an, wenn man Geld von einem Land in ein anderes überweisen wollte. TransferWise bietet eine kostengünstigere Lösung.

■ *www.transferwise.com*

einer extra Anmeldung. Nach einigen Tagen bekommt man eine **Bankkarte** zugeschickt (als Postadresse genügt z. B. das Hostel). Mit dieser kann man vom **Bankautomaten** *(ATM – Automatic Teller Machine)* Geld abheben sowie in vielen Geschäften bargeldlos bezahlen *(EFTPOS – Electronic Funds Transfer at Point of Sale)*. In einigen Geschäften (z. B. Supermärkten) kann man sich beim Bezahlen mit EFTPOS gleich noch Bargeld auszahlen lassen *(cash out)*.

Ist das Konto eröffnet, kann man Travelers Cheques einzahlen oder eine Überweisung vom deutschen Konto veranlassen (dauert ca. eine Woche). Eine weitere Möglichkeit ist, Geld vom deutschen Konto per EC-Karte am australischen Bankautomaten abzuheben und bei der Bank gleich auf das Konto einzuzahlen (vorher informieren, ob das Abheben mit der Karte möglich ist!, vgl. S. 53). Die Maximalsumme je Auszahlung und die anfallenden Gebühren – auch für eine Überweisung – variieren je nach Bank.

Überregionale australische Banken

- *Commonwealth Bank - www.commbank.com.au*
- *Westpac - www.westpac.com.au*
- *ANZ - www.anz.com.au*
- *National Australia Bank - www.nab.com.au*

TIPP

Welche Bank?

Wichtig ist, das Konto bei einer großen, überregionalen Bank mit vielen Filialen und Geldautomaten zu eröffnen. Die am Ende des Kapitels genannten Banken kommen infrage. In Orten ohne Geldautomaten ist oft das Postamt eine Agentur der Commonwealth Bank.

Gebührenfrei sparen durch Bankkooperationen

Man sollte vorher mit seiner heimischen Bank klären, ob Kooperationen mit australischen Banken bestehen. So können beispielsweise Kunden der Deutschen Bank bei der australischen Westpac unbeschränkt oft und gebührenfrei Geld von ihrem heimischen Konto abheben, Kunden der comdirect bank können mit der comdirect girocard und Visa Card im Ausland gebührenfrei Bargeld abheben.

Kontoeröffnung vor der Abreise nach Australien

Westpac bietet die Möglichkeit, ein Bankkonto online ohne die Angabe einer australischen Adresse zu eröffnen. Nach der Ankunft in Australien kann man seine Bankkarte in einer Filiale der Westpac (in allen großen Städten) gegen Vorlage eines gültigen Reisepasses abholen.

- *http://movingtoaustralia.westpac. com.au/australian-bank-account*

Steuernummer

Um in Australien arbeiten zu können, muss man eine Steuernummer *(TFN – Tax File Number)* beantragen. Als Besucher fällt man für das Australian Taxation Office (ATO) in die Kategorie *foreign residents* und zahlt in Australien ab dem ersten Dollar, den man verdient, 32,5 % Steuern. (Die Australier haben einen Steuerfreibetrag für die ersten 18.200 $.) Verdient man mehr als 80.000 $ im Jahr (ca. 1540 $ pro Woche), erhöht sich der Prozentsatz gestaffelt nach Verdienst. Den Steuerhöchstsatz von 45 % müsste zahlen, wer ohne TFN arbeitet bzw. 28 Tage nach Arbeitsbeginn noch keine Steuernummer

Beantragung der Tax File Number

*Die TFN wird vom **Australian Taxation Office (ATO, www.ato.gov.au)** vergeben. Sie wird erst beantragt, wenn man in Australien ist. Die Bearbeitung dauert ca. 2-3 Wochen. Man braucht den Reisepass und ein gültiges Working Holiday Visum. Außerdem muss man für den Versand der Steuernummer eine Postadresse – das kann auch eine postlagernde sein – in Australien angeben.*

- *Die TFN kann man direkt in einem der Taxation Offices beantragen. Adressen findet man im Telefonbuch oder auf der Website des ATO. Man bekommt bei der Beantragung eine Bestätigung, mit der man schon arbeiten gehen kann. Das offizielle Dokument bekommt man dann per Post zugeschickt.*

- *Rund um die Uhr ist die Online-Beantragung auf der Website des ATO möglich. Das Ausfüllen des Formulars „Online tax file number application or enquiry for permanent migrants or temporary visitors to Australia" dauert ungefähr 20 Minuten und man erhält eine Vorgangsnummer als Nachweis. Die gemachten Angaben werden elektronisch überprüft.*

beim Arbeitgeber hinterlegt hat. Seriöse Arbeitgeber verlangen aber sowieso die Angabe der TFN.

Das australische Steuerjahr endet am 30. Juni. Der **Tax Return** (vergleichbar etwa mit dem Lohnsteuerjahresausgleich) muss bis Ende Oktober des Jahres eingereicht werden. Das Formular hierfür ist beim ATO, Postämtern und z. T. auch in Zeitungsläden erhältlich oder kann per e-tax (www.ato.gov.au/etax) auch online ausgefüllt werden. Zusätzlich muss man von jedem Arbeitgeber eine Abrechnung *(payment summary)* vorweisen, aus der die einbehaltene Steuer und die genaue Anschrift des Arbeitsgebers hervorgeht. Da man als Backpacker keinen Steuerfreibetrag geltend machen kann, ist es bei geringem Verdienst unwahrscheinlich, dass man Steuern zurückgezahlt bekommt. Wer sich aber nachweislich sechs Monate (183 Tage) an einem Ort aufgehalten und dort gearbeitet hat, kann nachträglich als *resident for tax purposes* (Einwohner in Steuerangelegenheiten) eingestuft werden, zahlt dann nur 19% Steuern und kann sich mit der Steuererklärung einen Teil der gezahlten Steuern zurückholen.

Es gibt **Tax Agents** (z. B. www.taxback.com), meist mit Jobagenturen kooperierend, die sich speziell auf die Bedürfnisse von Backpackern und Fragen zu dieser Thematik eingestellt haben.

Superannuation

Wer monatlich mehr als 450 $ verdient, bekommt von seinem Arbeitgeber den gesetzlich vorgeschriebenen zusätzlichen Betrag von 9 % des Gehalts in einen sogenannten „superannuation account" (Rentenkonto) gezahlt. Wenn man Australien nach seinem befristeten Arbeitsaufenthalt wieder verlässt, kann man die Auszahlung dieser angesparten Summe, die dann noch versteuert werden muss, beantragen (www.ato.gov.au/Individuals/Super).

Informationen

An **Informationsmöglichkeiten** mangelt es in Australien nicht. In fast jedem Ort gibt es eine Touristeninformation. Dort und in Hostels, Bahnhöfen, Reisebüros usw. bekommt man jede Menge Infoblätter und Broschüren. Die Nationalparks verbreiten ihre eigenen Hefte mit Informationen zu Flora und Fauna und auch Wanderroutenvorschlägen.

TIPP

Backpacker-Magazine

Wer bereits vor Reisebeginn in solchen Magazinen blättern will, kann über die Websites der Magazine meist auch eine Online-Version ansehen.

Außerdem erscheinen speziell für Backpacker diverse **Magazine,** die kostenlos in Hostels und Informationsstellen ausliegen. Sie enthalten viel Werbung, aber auch etliche brauchbare Tipps zu Unterkunft, Transport und Jobs. Nachfolgend einige dieser Magazine:

- **TNT** (www.tntdownunder.com)
- **The Word** (www.thewordaustralia.com.au)

095as Abb. yha

- **Backpacker essentials**
  (www.backpackeressentials.com.au)
- **Safari Pete's OZ and NZ Handbook**
  (www.safaripete.com)

Für das Organisieren der Reise, Tourbuchungen, Infos zu Reiseverbindungen u. v. m. gibt es **Reisebüros**
speziell für Backpacker und Studenten.

- www.backpackersworld.com
- www.statravel.com.au

Sprachschulen

Besonders Leute, die einen attraktiven Job suchen,
sollten sich in Bezug auf ihre Englischkenntnisse fit
fühlen. Die Konkurrenz auf dem Backpacker-Ar-
beitsmarkt in Australien ist groß. Viele englische
Muttersprachler, wie Briten und Iren, suchen nach
Jobs und haben in vieler Hinsicht durch ihre Mutter-
sprache bessere Karten. Auch Holländer und Skan-
dinavier sprechen meist ein gutes Englisch. Daher
kommt vielleicht ein Sprachkurs zu Beginn der Reise in Frage.

So lernt man gleich noch Leute kennen. Manche Schulen vermitteln auch eine Kombination aus
Sprach- und Jobkenntnissen (z. B. Gastronomie)
oder organisieren Freizeitaktivitäten.

Sprachschulen im Internet

- *www.languagecourse.net*
- *www.coursefinders.com*

Kontakte

Leute kennen zu lernen ist denkbar einfach, wenn
man sich offen verhält. Gerade in Hostels herrscht
dafür eine positive Atmosphäre. Einige Hostels bie-

◁ In Hostels
bekommt man
jede Menge Infor-
mationsmaterial wie
Backpacker-Magazi-
ne, Broschüren von
Tourenanbietern oder
Flyer von Transport-
unternehmen und
anderen Hostels

ten **Freizeitangebote** wie Pubtouren *(pub crawls)* oder Ausflüge an, bei denen man schnell Bekanntschaften schließen kann. An schwarzen Brettern findet man oft Nachrichten, dass Mitreisende gesucht werden. Praktisch ist auch der Kontakt mit Backpackern, die gerade aus der Gegend kommen, in die man weiterreisen will. So kann man sich Tipps für gute Unterkünfte oder Jobangebote holen.

Das leibliche Wohl

Die australische Küche

Britische Einflüsse sind in der australischen Küche nach wie vor deutlich zu erkennen. So werden nach wie vor gern *pies* (Teigtaschen mit Fleischfüllung) und viel Fleisch mit Gemüse gegessen. Allerdings haben im 20. Jahrhundert besonders die zahlreichen asiatischen (vor allem chinesischen, thailändischen und vietnamesischen), griechischen und italienischen **Einwanderer die Landesküche stark beeinflusst** und bereichert. Dadurch, dass viele Zutaten für die Küche das ganze Jahr über frisch zur Verfügung stehen, werden beispielsweise auch oft und gern Fisch und Meeresfrüchte gegessen und es wird viel Obst und Gemüse verarbeitet.

Der Geschmack Australiens

In jedem Lebensmittelgeschäft stehen die dunkelbraunen Gläser mit dem gelben Deckel in den Regalen: Vegemite, eine dunkelbraune Paste, ist konzentrierter Hefeextrakt, reich an Vitamin B und ein absolut typisches australisches Lebensmittel. Es schmeckt sehr ungewöhnlich und salzig und wird von den Australiern gern auf Toastbrot gegessen. Wer es probieren möchte, sollte es ganz, wirklich ganz dünn auf dem Toast verteilen.

Lebensmittel einkaufen

In Australien gibt es zwei Supermarktriesen: **Woolworths** und **Coles.** Beide Ketten haben eine eigene Billigmarke (Homebrand/coles smart buy), die beim Einkau-

◁ Gerade in Hostels bekommt man schnell Kontakt zu anderen Backpackern, kann sich über Jobtipps austauschen oder Reisepartner suchen

fen den Geldbeutel schont. Im Jahr 2001 hat auch **ALDI** den fünften Kontinent erreicht und mittlerweile etliche Filialen im Süden und Osten Australiens eröffnet. Die Expansion soll besonders im Süden und nun auch im Westen des Landes weitergehen. Supermärkte der Franchise-Kette IGA gehören zumeist lokalen Unternehmern und weisen drei verschiedene Größen auf (Supa IGA, IGA und IGA X-press). Diverse andere kleine Ketten und die Convenience Stores, die fast rund um die Uhr geöffnet sind, sind teurer als die großen Ketten.

Um die kulinarischen Spezialitäten einer Region kennenzulernen, die regionale Landwirtschaft zu unterstützen und die freundliche Atmosphäre zwischen Einheimischen zu genießen, kann man einen **farmers market** besuchen (www.farmersmarkets.org.au).

Preiswert essen gehen

In jedem Shopping Center gibt es einen **Food court,** wo man sich aus dem Angebot verschiedener Essensstände das Gewünschte bestellen und an den Tischen in der Mitte des Food courts verspeisen kann. Kurz vor Ladenschluss bieten übrigens viele Imbisse das übriggebliebene Essen günstiger an.

Auch in **Pubs** kann man nicht nur seinen Durst löschen, sondern auch preiswert den Magen füllen. Die *counter meals,* die man an der Theke *(counter)* bestellt, sind einfache aber gute Gerichte. Zu den reichlichen Portionen – häufig Fleisch oder Fisch – gibt es meist Pommes *(chips)*. Oft werden auch Suppen, Salate oder Sandwiches angeboten. Die passenden Getränke zum Essen bestellt man an der Theke gleich mit dazu.

Auch in **Cafés und Bistros** ordert man die Getränke in der Regel an der Theke und bezahlt sie dort auch direkt. Das gleiche gilt für das Essen. Man bekommt bei der Bestellung eine Nummer oder einen Pieper und wird aufgerufen, wenn das Essen zubereitet ist. Das Schild „*Please order here*" verweist auf die Gepflogenheiten im Lokal. Im Restaurant mit Tischservice wird man den Hinweis „*Please wait to be seated*" finden und wartet dann, bis einem ein Tisch zugewiesen wird.

Nach dem Essen ist eine gemeinsame Rechnung üblich, **Trinkgeld** dagegen nicht unbedingt. Man kann aber einen kleinen Obolus auf dem Tisch liegen lassen oder in ein Sparschwein am Tresen stecken.

Das richtige Bier trinken

Australien ist ein Land der Biertrinker. Die bevorzugte australische Bierart ist **Lagerbier.** Es hat einen durchschnittlichen Alkoholgehalt von 4,9 %. Es sind aber auch diverse **Light-Biere** im Angebot.

Das leibliche Wohl

Foster's ist ohne Zweifel das weltweit bekannteste australische Bier. Australier halten es aber eher mit **Lokalpatriotismus** und trinken ihr *local beer*. Jedes Bundesland hat seine eigenen Brauereien (die aber heutzutage doch meist unter dem Dach eines internationalen Großkonzerns vereint sind). Selbstverständlich erhält man fast alle Biersorten überall in Australien. Man sollte aber ruhig offen sein und auch mal die örtlichen Brauereiprodukte bestellen – die Einheimischen freut das auch.

Das Bier wird vom Fass gezapft *(on tap)*, in Flaschen *(stubbies*, 375 ml) oder Büchsen *(can, tinnie* oder *tube)* serviert. Schwierig wird beim Bestellen die Wahl der richtigen **Bierglasgröße.** Es gibt *pint, schooner, middy, handle, pot, seven, glass, butcher* und *pony*. In fast jedem Bundesstaat gibt es andere Begriffe und Maßeinheiten. Und selbst einheitliche

▽ Das Bier XXXX kommt aus Queensland und wird vor allem dort getrunken

Das leibliche Wohl

098as Abb.: dt, © Johnjewell – Dreamstime.com

Informationen rund ums Thema Bier

- ▪ *www.australianbeers.com*
- ▪ *www.fostersgroup.com*
- ▪ *www.lionco.com*

Einige bekannte Brauereien und Biermarken

- ▪ *New South Wales: Tooheys, Hahn*
- ▪ *Victoria: Carlton (Victoria Bitter = VB und Melbourne Bitter)*
- ▪ *South Australia: Coopers, South Australian Brewing Company (West End, Southwark)*
- ▪ *Western Australia: Swan (Emu Bitter = EB),*
- ▪ *Queensland: Castlemaine (XXXX, gesprochen: four-ex)*
- ▪ *Tasmania: Cascade, Boag's*

Begriffe bedeuten nicht zwingend eine einheitliche Größe. Manchmal wird auch in Ounces bestellt (1 oz = 28,4 ml). In einigen Kneipen schenkt man Krüge *(jugs)* aus, die über einen Liter fassen (40 ounces, genau genommen) und preiswerter sind als mehrere einzelne Biere.

Das Bier wird immer **eiskalt getrunken.** Damit diese Voraussetzung für den Biergenuss auch bei größter Hitze garantiert ist, haben sich die Australier etwas einfallen lassen. Der so genannte *stubby holder* ist eine Art Schutzhülle (meist aus Neopren), in die Bierglas, -flasche oder -büchse gesteckt werden. So bleibt das Bier schön kalt, aber die Finger werden es nicht. Viele Pubs haben ihre eigenen *stubby holder*, die ein schönes Souvenir abgeben.

Für das Barbecue oder den Ausflug nutzt man zum Kühlen der Getränke eine **Kühlbox** (*esky*). Dieses unentbehrliche Utensil wird mit Eisstücken gefüllt, die man in Tüten abgepackt in Tankstellen und Supermärkten kaufen kann.

Alkohol (auch: *grog*, *booze*) **zum Mitnehmen** bekommt man in Australien nur in so genannten *bottle shops* oder *liquor stores*, die man in Einkaufszentren oder an Pubs angeschlossen findet. Außer im Pub wird Alkohol nur in **lizensierten Restaurants** (*fully licensed*) ausgeschenkt. In Lokalen, die keine Ausschanklizenz haben, findet man oft ein Schild mit dem Hinweis „BYO" (*Bring your own*). Dann darf man sich alkoholische Getränke (in der Regel Wein und Sekt, manchmal auch Bier) mitbringen und bekommt gegen eine entsprechende Korkgebühr (*corkage fee*) die Flaschen geöffnet und Gläser zum Trinken dazu.

TIPP

Rauchen

In Australien wird mittlerweile nicht mehr viel geraucht. Zum einen sind die Zigarettenschachteln deutlich teurer als in Deutschland und zum anderen ist Rauchen in allen geschlossenen öffentlichen Gebäuden und auch an etlichen Stellen im Freien (z. T. an bewachten Stränden, an Spielplätzen) verboten. An diese Rauchverbote sollte man sich unbedingt halten, sonst hagelt es deftige Geldstrafen. Auch beim Verkauf von Tabakwaren ist man streng. Nur Personen über 18 Jahre erhalten welche und müssen sich u. U. ausweisen. Die australische Regierung hat durchgesetzt, dass seit Ende 2012 Zigaretten nur noch in einheitlichen, neutralen Verpackungen ohne Firmenlogo oder -werbung, dafür aber mit abschreckenden Bildern über die Folgen des Rauchens verkauft werden. Wahrscheinlich sinkt die soziale Akzeptanz des Rauchens mit diesem drastischen Schritt noch mehr.

Alkoholverbot

Mittlerweile verbieten viele Städte und Gemeinden den Genuss von Alkohol in der Öffentlichkeit. In den sogenannten dry zones/dry areas (z. B. öffentliche Parks und Strände, z. T. Festivals und Open-Air-Konzerte) darf kein Alkohol getrunken werden. Zuwiderhandlungen werden von der Polizei direkt mit einer Geldstrafe belegt.

Sport

Die Australier sind ein sportbegeistertes Volk. Es gibt einige sehr populäre Zuschauersportarten, über die man mit den Australiern jederzeit philosophieren kann. **Football** ist der Zuschauersport mit den meisten Anhängern. Es gibt aber verschiedene Varianten: europäischen Fußball *(soccer)*, die australische Variante Australian Rules sowie Rugby (Rugby League und Rugby Union). Aussie Rules Footie tragen die Mannschaften in der Australian Football League (AFL) aus und das Grand Final in Melbourne ist jedes Jahr ein absolutes Topereignis. Im Sommer ziehen die Spiele der **Kricket-Nationalmannschaft** die Zuschauer in ihren Bann. Die Regeln erschließen sich für einen Laien allerdings nicht besonders schnell und lange dauern diese Spiele auch. Deutlich schneller geht es beim **Formel-1-Grand-Prix** (März) in Melbourne zu. Ebenfalls in Melbourne finden die **Australian Open** (Januar) statt – internationales Tennis vom Feinsten. Begeistert verfolgen die Australier auch Pferderennen – am ersten Dienstag im November schaut die ganze Nation gebannt auf das berühmteste australische **Pferderennen,** den Melbourne Cup. Bei Pferderennen (aber auch anderen Sportereignissen) können die Australier dann auch ungehemmt ihrer Wettleidenschaft frönen.

Da die Australier solche Sportfanatiker sind, hat man im Land unzählige Möglichkeiten, **sportlichen Aktivitäten nachzugehen:** An den Küsten und im Meer wird gesurft, geschnor-

⊡ Speziell an der Ostküste gibt es zahlreiche Surfschulen

099as Abb. kp

chelt und getaucht. Man kann aber auch Kanu- oder Kajakfahren. Wem das noch nicht spektakulär genug ist, der kann es mit Rafting oder Canyoning versuchen. Und natürlich kann man in Australien (vor allem in Queensland) mit Bungeejumping oder Skydiving (Fallschirmspringen) den Adrenalinspiegel bis aufs Äußerste steigern. Und auch wenn man es in Australien nicht für möglich hält, kann man z. B. in den Snowy Moutains (NSW) und im nordöstlichen Teil von Victoria gut Wintersport betreiben. Wer es etwas beschaulicher mag, kann sich für Ballonfahren (sehr schön in der Gegend um Alice Springs), Kamelreiten (z. B. in der Nähe des Uluru, in Alice Springs oder Broome) oder Wandern (sehr schöne Tracks in Tasmanien) entscheiden.

Sonderfälle und Schwierigkeiten

Medizinische Versorgung

Sollte man in Australien krank werden, geht man zu einem **Allgemeinmediziner** *(GP, General Practitioner),* der oft in einer Gemeinschaftspraxis *(Medical Centre)* arbeitet. Es gibt auch *24 Hour Medical Centre,* in denen man sich außerhalb der üblichen Öffnungszeiten behandeln lassen kann. In der Regel wendet man sich immer zuerst an einen GP, der einem dann eine Überweisung für einen Facharzt schreibt (gilt auch für den Frauenarzt). In dringenden medizinischen Fällen ruft man einen Krankenwagen (Tel. 000) oder wendet sich an das nächste Krankenhaus. Die Arztrechnung muss man sofort begleichen und kann sie dann später bei seinem Auslandsreisekrankenversicherer (s. S. 30) einreichen.

Medikamente bekommt man in Australien in Drogerien, in denen es eine Apothekenabteilung gibt *(pharmacy/chemist).*

The Flying Doctors

Der Royal Flying Doctor Service of Australia (RFDS) ist eine sehr bekannte australische Institution, die vom australischer Pfarrer John Flynn 1928 gegründet wurde. Dieser gemeinnützige Dienst, der rund um die Uhr arbeitet, sorgt dafür, dass die Menschen in den abgelegenen Gebieten Australiens mit Hilfe von Flugzeugen direkt ärztliche Versorgung bzw. per Telefon und Funkgerät auch ärztliche Ratschläge erhalten können.

Beispielsweise im Alice Springs Visitor Centre kann man sich über die interessante Arbeit der „Fliegenden Ärzte" informieren.

■ *www.flyingdoctor.net*

Verlust von Dokumenten und Geldkarten

Sind einem wichtige Dokumente abhanden gekommen, geht man als Erstes zu einer Polizeistation. Dort werden ein **Polizeibericht** und eine Diebstahlanzeige erstellt. Mit diesen Unterlagen wendet man sich an die deutsche Botschaft in Canberra oder an das deutsche Generalkonsulat in Sydney. Dort kann ein Ersatz-Reisepass (einen Monat gültig) für die Heimreise oder aber auch ein **vorläufiger Reisepass** (bis zu ein Jahr gültig) innerhalb kurzer Zeit ausgestellt werden. Es ist für die Beantragung sehr hilfreich, wenn man Kopien der verloren gegangenen Ausweisdokumente vorweisen kann (s. S. 52).

Sind Bank- oder Kreditkarten weg, muss man die Karten sofort

TIPP
Notruf

In Australien gilt die Nummer 000 (triple zero) für alle dringenden Fälle. Daher wird man am Anfang des Telefongesprächs meist nach „police, fire or ambulance" gefragt.

Unter der Nummer 131126 erreicht man rund um die Uhr das nächstgelegene Poisons Information Centre (Vergiftungsinformationszentrum), das einen in Bezug auf Tierbisse, -stiche oder sonstige Vergiftungen beraten kann.

In allen Notfällen gilt: möglichst ruhig bleiben und sich Hilfe holen.

sperren lassen (s. S. 54) und Ersatz beantragen. Man sollte sich bei der Eröffnung des australischen Bankkontos direkt nach der **Telefonnummer zur Sperrung** der dazugehörigen Geldkarte erkundigen. Falls man nach dem Geldkartenverlust erstmal ohne finanzielle Mittel dasteht, kann man sich z. B. über **Western Union** (www.westernunion.de) mithilfe eines solventen Daheimgebliebenen schnell und problemlos Geld von zu Hause an eine australische Filiale schicken lassen.

Autopanne und Unfälle

Wenn man mit dem Auto unterwegs liegenbleibt, kann man über die Telefonnummer 131111 australienweit die **Pannenhilfe** *(roadside assistance)* erreichen. Um deren Hilfe kostenlos in Anspruch nehmen zu können, muss man – wenn man mit dem eigenen Auto unterwegs ist – **Mitglied eines australischen Automobilklubs** sein. Es ist aber in der Regel auch noch möglich, direkt vor Ort eine Mitgliedschaft abzuschließen. Die Automobilklubs der einzelnen Bundesstaaten (z. B. NSW & ACT NRMA, www.mynrma.com.au, Queensland RACQ, www.racq.com.au, Victoria RACV, www.racv.com.au) haben zudem eigene Pannendienstnummern. Ist man im Mietwagen unterwegs, wird einem der Autovermieter Unterlagen für den Fall der Fälle mitgeben.

Wenn es zu einem Verkehrsunfall gekommen ist, sollte die **Polizei** verständigt werden (Notrufnummer 000).

Natürlich kann es auch beim Jobben zu einem Unfall kommen. Arbeitgeber sind verpflichtet, ihre Angestellten (auch Gelegenheitsjobber) ordnungsgemäß anzumelden und somit auch zu versichern. Bei einem **Arbeitsunfall** (immer wichtig zu erwähnen!) würde also die Versicherung des Arbeitgebers die ggf. anfallenden Arztkosten übernehmen.

Geld verdienen und sparen

◁ Money, money, money – wenn das liebe Geld nicht wär' ...
(100as Abb.: fo, © redrex – Fotolia.com)

Jobaussichten

Man sollte nicht mit zu hohen Job-Erwartungen nach Australien reisen. Arbeit gibt es genügend, aber man muss sie finden und sollte sich für Hilfsjobs nicht zu schade sein. Es darf nicht vergessen werden, dass das Working Holiday Visum jungen Leuten gewährt wird, um die Finanzierung des Australienaufenthaltes zu ermöglichen. Das Reisen steht dabei im Vordergrund. Die **Beschränkung der Arbeitszeit** auf sechs Monate soll auch verhindern, dass den Australiern feste Arbeitsplätze weggenommen werden. Durch diese Visabeschränkung sind etliche Unternehmen gar nicht an der Mitarbeit von Backpackern interessiert.

Ohnehin wollen die wenigsten Reisenden die gesamte Aufenthaltszeit an einem Ort verbringen. Die meisten Jobs gibt es **in den großen Städten** – aber auch die meisten Arbeit suchenden Backpacker. Eine Alternative zu den Städten können **entlegene Gebiete** *(remote)* sein. Ist man bereit, sich für einige Wochen auf die Abgeschiedenheit einzustellen, kann man gutes Geld verdienen und tatsächlich sparen.

Wer, um seinen Lebenslauf aufzupolieren oder spezielle Arbeitserfahrung zu sammeln, unbedingt in einer bestimmten Firma oder Branche arbeiten will, sollte sich rechtzeitig im Vorfeld kümmern. Wenn man schon vor der Abreise **Bewerbungsschreiben** verschickt, hat man bereits erste Kontakte geknüpft. Ansonsten ist es am einfachsten, sich direkt vor Ort um einen Job zu bemühen.

Wichtig ist vor allem: **Dranbleiben!** Man muss sich aktiv kümmern, sich umhören, Aushänge regelmäßig ansehen, Kontakte knüpfen, Erfahrungen austauschen und immer wieder nachfragen. Das Klinkenputzen *(door knocking* oder *gate calling)* gehört dazu. Gut, wenn man flexibel und spontan ist.

Überlegt man zu lange, freut sich der Nächste. In dieser Situation ist es sehr nützlich, ein Handy zur Verfügung zu haben und immer erreichbar zu sein.

Die **Bezahlung** hängt von vielen verschiedenen Faktoren ab. Es gibt in Australien zwar einen gesetzlichen Mindestlohn, der 16,87 $ pro Stunde beträgt (Stand: Ende 2014), aber z. B. für junge Leute gelten je nach Alter Ausnahmen, sodass man schwer einen konkreten Mindestverdienst angeben kann. In der Regel wird man als Backpacker zwischen 10 und 18 $ (enspricht ca. 15–25 $ vor Abzug der Steuern) pro Stunde verdienen. Bei einem qualifizierten Job, mit entsprechender Berufserfahrung, kann man aber mehr Geld fordern. Die Auszahlung des Gehalts erfolgt in der Regel alle zwei Wochen, manchmal auch wöchentlich, auf das Bankkonto des Arbeitnehmers. Manche Arbeitgeber stellen auch einen Gehaltsscheck aus.

Mögliche Arbeitsfelder

- **Farmwork:** Fruit picking (s. S. 118) und andere Jobs auf Farmen sind meist körperlich anstrengend bei zum Teil extremen Temperaturen im Freien. In vielen Teilen Australiens kann man Arbeit finden und fast jeder Backpacker hat seine Erfahrungen mit Erntearbeit gemacht. Neben dem eigentlichen Ernten von Obst und Gemüse kann auch das Sortieren und Verpacken der Ernte oder das Beschneiden von Bäumen zu den Tätigkeiten gehören. Auf Farmen im Outback, beispielsweise Rinderfarmen, hilft man beim Errichten und Instandhalten von Zäunen, Mustern der Tiere, Säubern der Tränken oder Warten der Wasseranlagen.
- **Hospitality:** Dazu zählen Jobs im touristischen und gastronomischen Bereich, wie z. B. kellnern,

101a: Abb.: ta, Linnet Foto/Eveleigh Markets – Tourism Australia

⌃ Auf Märkten
werden oft Aushilfen
gesucht

arbeiten in Pubs oder Casinos, als Küchenhilfe (*kitchenhand*), Gästebetreuung oder Zimmerservice in Resorts, Hotels o. Ä. Kann man Berufserfahrung vorweisen, hat man gute Karten. Es werden aber auch ungelernte Kräfte eingestellt. Wer mit Alkoholausschank zu tun hat, muss in einigen Bundesstaaten einen Kurs *Responsible Service of Alcohol* belegen. Ein mehrstündiger Kurs, der mit dem *RSA certificate* abschließt, kostet ca. 140 $ (z. B. www. tcptraining.com) bzw. ist auch online – etwas günstiger – möglich (z. B. www.qhint.com). Küchenhilfen müssen auch immer öfter einen Kurs belegen (*Follow Workplace Hygiene Procedures/ Food Hygiene Certificate*, ca. 95 $). Für die Anstellung in einem Pub kann es z. T. nötig sein, ein weiteres Zertifikat zu erwerben. Da in sehr vielen

Pubs und Hotels Spielautomaten stehen, lernt man im Kurs *Responsible Gambling Service* (RCG oder auch RSG, ca. 90 $) den verantwortungsvollen Umgang mit Spielautomaten und Spielern. Dieses Zertifikat wird aber nicht in allen Bundesstaaten und von allen Arbeitgebern verlangt.

- **Childcare:** Als Nanny oder Au-pair betreut man in einer Familie Kinder und Teile des Haushaltes. Neben Kost und Logis gibt es noch Taschengeld. Für diesen Job sind natürlich Erfahrung im Umgang mit Kindern und gute Referenzen besonders wichtig.

- **Labour:** Bei Hilfsarbeiten auf Baustellen *(construction/building work)* muss man in der Regel ein Zertifikat vorweisen (*White Card,* auch bekannt als *Green Card*), dass man in einem Kurs erlangen kann (z. B. www.tcptraining.com, ca. 110 $) und das bestätigt, dass man sich mit der Arbeit und den Sicherheitsvorkehrungen auf dem Bau auskennt. Will man im Straßenbau jobben, ist oft eine *Blue Card* vorzuweisen (Kurs ca. 165 $). Gute Jobchancen hat man auch im boomenden Bergbau. Auf jeden Fall muss man in allen Jobs kräftig zupacken können. Die Bezahlung, auch für Handwerker mit Berufserfahrung, ist gut.

- **Nursing:** Arbeitskräfte im Medizin- und Pflegebereich werden ständig gesucht. Mit der entsprechenden Ausbildung oder Erfahrung durch Zivildienst o. Ä. findet man schnell eine Anstellung als *Patient Care Assistant (PCA)*. Diese Leute unterstützen die ausgebildeten Krankenschwestern bei der Arbeit (z. B. Essen austeilen, Betten machen, Patienten transportieren, Nachtwachen).

- **Sales**/**Telemarketing**/**Promotion:** Hier reicht die Palette vom Verteilen von Flyern über telefonische Kundenbefragung bis zu Verkaufsgesprächen in Fußgängerzonen. Wohltätigkeitsorganisationen suchen Leute, die Spenden sammeln (*fundraising*). Da man hier in der Regel auf Provisionsbasis bezahlt wird, sollte man über großes Überzeugungs- und Sprachtalent verfügen – und das auf Englisch.

- **Office Work:** Für Bürojobs werden gute Kommunikationsfähigkeit, Computerkenntnisse und eine bestimmte Anzahl von Anschlägen pro Minute beim Schreiben am Computer erwartet.
- **Accounting/Banking:** Mit Berufserfahrung im Bereich Buchhaltung und Finanzen hat man gute Chancen in den Citys als *temp (temporary worker)* eine Anstellung zu finden.
- **Sport and Leisure:** Wer gerne surft, taucht, Ski oder Snowboard fährt und eine Trainerausbildung (PADI-Dive-Instructor, Lizenz des deutschen Skiverbandes usw.) vorzuweisen hat, kann in Urlaubs- und Skiresorts als Lehrer arbeiten. Aber auch für den Gastronomie- und Servicebereich werden dort Arbeitskräfte gesucht.

Jobideen

Die schwarzen Bretter in Hostels, Internetcafés, Reisebüros etc. sind wichtige Informationsquellen für Jobsuchende. Zusätzlich sollte man kreativ sein und aus eigenen Fähigkeiten Jobs machen.

- Wenn man in **Hostels** nach Arbeit fragt, kann man nicht immer Geld verdienen, aber zumindest etliche Dollar sparen. Für einige Stunden putzen, Betten machen, Wäsche waschen oder Gäste begrüßen bekommt man freie Unterkunft.
- Als guter **Koch** kann man für andere im Hostel mitkochen – und dafür einen Obolus verlangen.
- Bei großen **Veranstaltungen** wird immer Personal gesucht. Es gibt z. B. die Royal Show, eine Art Jahrmarkt, die im Jahresverlauf durch Australien zieht. Die Aussteller brauchen oft Helfer. Auf

Konzerten oder Sportveranstaltungen kann man eventuell auch als Ordner, Eintrittskartenkontrolleur oder Parkplatzeinweiser arbeiten.

- Einige **Reiseveranstalter** machen sich die Fremdsprachenkenntnisse der Backpacker zunutze. Für die sprachliche Betreuung der ausländischen Touristen kann man Touren umsonst mitmachen und bekommt Essen und Unterkunft gestellt.
- **Autovermieter** brauchen in der Hochsaison mehr Personal, um den Fuhrpark zu reinigen.
- Wer **Friseur** ist bzw. zumindest Haare schneiden kann, bietet seine Dienste im Hostel anderen an.
- Eine aufregende Erfahrung ist ein Job als **Jackeroo/ Jilleroo.** Wer wie ein Cowboy/Cowgirl reiten, Vieh treiben, Schafe scheren oder Zäune aufstellen will, kann einen der begehrten Trainingskurse (1–2 Wochen, z. B. www.leconfieldjackaroo.com, www. leconfield.com) besuchen. Mit der Ausbildung steigen auch die Chancen auf weitere Farmjobs.

☐ Wer einen Jackeroo/Jilleroo-Kurs belegt, übt auch das Reiten

102a Abb. fo. © Christopher Meder – Fotolia.com

Jobinformationen im Internet

- *www.jobsearch.gov.au*
- *www.mycareer.com.au*
- *www.seek.com.au*
- *www.jobaroo.com*
- *www.careerone.com.au*
- *backpackerjobboard.com.au*

Jobagenturen

In Australien gibt es vor allem in den **größeren Städten** viele private Jobvermittlungsagenturen *(job, recruitment or employment agencies)*. Adressen fin-

---

Zeitungen für die Jobsuche

Zeitungen sind für die Jobsuche eine wichtige Informationsquelle. Durch sie kann man sich einen Überblick über die allgemeine Jobsituation verschaffen - welche Stellen angeboten werden, welche Qualifikationen gefragt sind und wie es mit dem Gehaltsniveau steht. In jeder großen Stadt erscheint mindestens eine Tageszeitung. Die meisten Jobangebote werden sonnabends veröffentlicht, einige auch mittwochs. Außerdem existieren noch eine Reihe wöchentlich erscheinender Regionalzeitungen. Wer Geld sparen will, kann die Zeitungen in der öffentlichen Bibliothek lesen. Allerdings muss man schnell sein und gleich anrufen oder sich vorstellen, wenn man ein passendes Jobangebot entdeckt hat.

Australienweite Zeitungen

- *The Australian (www.theaustralian.com.au)*
- *Australian Financial Review (www.afr.com.au)*

New South Wales

- *The Sydney Morning Herald (www.smh.com.au)*
- *Daily Telegraph (www.dailytelegraph.com.au)*

det man in den Gelben Seiten, in Backpackermaga-
zinen oder z. B. auf folgender Website:

- *http://employment.byron.com.au/recruiters.html*

Einige Agenturen haben sich auf die Vermittlung von
Backpackern spezialisiert, andere kümmern sich um
spezielle Berufsgruppen. Entweder zahlt man eine
Bearbeitungsgebühr oder einen Mitgliedsbeitrag,
um betreut zu werden. Einige Jobagenturen, die sich
um Backpacker kümmern:

- **Workstay** *(www.workstay.com.au), Perth,*
  mit Outbackpackers-Country-Pub-Programm
- **Freespirit** *(www.freespirit.com.au)*
- **travellers@work** *(www.taw.com.au)*

Victoria
- *The Age (www.theage.com.au)*
- *Herald Sun (www.heraldsun.com.au)*

South Australia
- *The Advertiser (www.adelaidenow.com.au)*

Western Australia
- *The West Australian (www.thewest.com.au)*

Queensland
- *The Courier Mail (www.thecouriermail.com.au)*

Tasmania
- *The Mercury (www.themercury.com.au)*

Northern Territory
- *Northern Territory News (www.ntnews.com.au)*

ACT
- *The Canberra Times (www.canberratimes.com.au)*

Backpackerzeitschriften
*Viele Jobagenturen, die sich auf kurzzeitige Jobs (short
term job) und Gelegenheitsarbeit (casual work) spezialisiert haben, inserieren in den kostenlosen Magazinen
(s. S. 96).*

- *Perisher Ski Resort* (*www.perisherjobs.com.au*)
- *Visitoz* (*www.visitoz.org*)
- *Work & Travel Company*
  (*www.worktravelcompany.com*), Sydney

Wenn man sich bei einer Jobagentur vorstellt, ist der erste Eindruck entscheidend – egal ob man eine E-Mail schickt, anruft oder persönlich hingeht. Eine aufgeschlossene und motivierte **Ausstrahlung** ist wichtig. Bei einem persönlichen Gespräch zählt natürlich auch die äußere Erscheinung. (Wer im Servicebereich arbeiten will, sollte sowieso am besten eine schwarze Hose und schwarze Schuhe im Reisegepäck haben.)

Der Agent bekommt den Lebenslauf und wenn möglich Zeugnisse in Englisch. Die Unterlagen sollten so gut sein, dass man dem Agenten in Erinnerung bleibt. Dazu trägt auch regelmäßiges Nachfragen bei.

Fruit picking

Nicht unbedingt der beliebteste – aber mit Abstand der häufigste – Job für Backpacker ist die Arbeit als **Erntehelfer.** Wenn man zur richtigen Zeit am richtigen Ort ist, findet man leicht Arbeit.

Es gibt so genannte **Working Hostels,** die mit Farmern in Kontakt stehen und Jobs an Leute vermitteln, die sich im Gegenzug in diesem Hostel einquartieren. Auch in normalen Hostels findet man Aushänge, wenn Erntehelfer gesucht werden. In einigen Orten gibt es während der Erntezeit einen **zentralen Treffpunkt,** an dem sich frühmorgens alle Arbeitswilligen einfinden. Die Farmer suchen sich ihre Arbeitskräfte aus und man kann gleich mitkommen. Bewährt man sich, ist man am nächsten Tag wieder mit dabei. Sind die Arbeitskräfte knapp, fah-

◁ Auch beim Fruit picking ist mal eine Pause drin

ren die Farmer auch Hostels und Campingplätze an und fragen nach Helfern.

Andere Backpacker haben vielleicht schon einen Job als *fruit picker* ergattert und können Hinweise zu Jobmöglichkeiten und **Arbeitsbedingungen** geben – also immer fleißig nachfragen.

Die **Erntearbeit** unterscheidet sich hauptsächlich in selektieren oder abernten (*select picking* oder *strip picking*), vom Baum oder vom Boden ernten (*tree picking* oder *ground picking*) und die Bezahlung nach Stundenzahl oder geernteter Menge (*per hour* oder *per volume*).

Die Erntearbeit ist, besonders durch die meist sehr hohen Temperaturen, recht anstrengend. Mit etwas Glück ergattert man einen Sortier- oder

> **Harvest Trail**
>
> *Die Australische Regierung hat diese Initiative gestartet, um Farmen und Arbeitswillige zusammenzubringen. Auf der Harvest Trail Website gibt es neben Jobangeboten auch Informationen zu Unterkunft, Transport, Bezahlung und Arbeitsbedingungen. Dort kann man auch den „National Harvest Guide" downloaden, der neben einem detaillierten Erntekalender weitere Informationen zu den Ernteregionen liefert.*
>
> ■ *www.jobsearch.gov.au/harvesttrail,*
>   *Telefonhotline 1800 062332*

Packjob im Arbeitsschuppen *(shed)* und damit im Schatten.

Die **Hinweise zum richtigen Fruit picking** sollte man unbedingt beachten. Möglichst viel trinken, ordentlich mit Sonnenschutz eincremen (mehrmals!), einen Hut, festes Schuhwerk und nach Möglichkeit lange Hosen, ein langärmliges Hemd und Handschuhe tragen und die ersten Tage einfach durchhalten.

Bewerbungstipps

Der Lebenslauf

Man muss sich in Australien nicht für jeden Job mit einem Lebenslauf bewerben. Trotzdem sollte man auf alle Fälle zu Hause einen vorbereiten.

Der **englische Resume oder CV** (Curriculum Vitae) beginnt mit der aktuellen Situation. Nach den Angaben zur Person (Name, Date of Birth, Nationality, Marital Status etc.) folgt der zuletzt ausgeübte Job sowie weitere Tätigkeiten in rücklaufender Reihenfolge. Danach stehen Studien- und Schulabschlüsse,

Abkürzungen aus Stellenanzeigen

approx	*approximately*	*ungefähr*
appt	*appointment*	*Termin*
ASAP	*as soon as possible*	*baldmöglichst*
asst	*assistant*	*Assistent*
avail	*available*	*vorhanden, verfügbar*
cas	*casual/casual work*	*gelegentlich/Gelegenheitsarbeit*
CBD	*Central Business District*	*Hauptgeschäftsviertel*
comm	*commission*	*Provision*
con/cond	*condition*	*Bedingung*
CV	*curriculum vitae*	*Lebenslauf*
dept	*department*	*Abteilung*
enq	*enquire*	*anfragen*
essent	*essential*	*unbedingt notwendig/ unverzichtbar*
excell/exc/ex	*excellent*	*ausgezeichnet*
exp/exper	*experience/experienced*	*Erfahrung/erfahren*
ft	*fulltime*	*Vollzeit*
hrs	*hours*	*Stunden*
mths	*months*	*Monate*
nec	*necessary*	*notwendig, erforderlich*
neg	*negotiable*	*verhandelbar*
pa	*per annum*	*pro Jahr*
perm	*permanent/permanent job*	*Festanstellung*
ph	*phone*	*Telefon*
pref	*preferred*	*bevorzugt*
prev	*previous*	*bisherig, vorherig*
pt	*part-time*	*Teilzeit*
pw	*per week*	*pro Woche, wöchentlich*
qual	*qualifications*	*Eignungen*
Refs	*references*	*Empfehlungen, Referenzen*
reqd/req	*required*	*gefordert, vorgeschrieben*
temp	*temporary*	*temporär, befristet*
wks	*weeks*	*Wochen*
wpm	*words per minute*	*Wörter pro Minute (beim Tastaturschreiben)*

gefolgt von besonderen Fähigkeiten (Computer-, Sprachkenntnisse etc.) und Interessen. Der Lebenslauf sollte maximal zwei Seiten lang sein. Ein Passbild ist bei Bewerbungen in Australien nicht üblich.

Zum Schluss kommen noch eventuelle **Referenzen.** Im englischsprachigen Raum sind Referenzen üblich und gern gesehen. Das können schriftliche Beurteilungen oder Kontaktangaben von Personen sein, die einen als Student, Azubi oder Arbeitnehmer gut kennen und einschätzen können.

Gute **Zeugnisse** können auch nicht schaden. Wenn man die wichtigsten ins Englische übersetzt, ist man auf der sicheren Seite. Ob es allerdings eine beglaubigte Übersetzung und beglaubigte Kopien sein müssen, ist fraglich. Bei den üblichen Gelegenheitsjobs braucht man sie nicht.

Einige **Kopien** von Lebenslauf, Referenzen und Zeugnissen sollte man immer bereithalten. Nützlich

104as Abb; ta, Melbourne Food and Wine Festival – Tourism Australia

▷ Im Gastronomiebereich gibt es Jobs für Backpacker

ist auch die Speicherung der Daten, da Adressände-rungen oder Zusätze notwendig werden können. Entweder auf USB-Stick oder im Internet, da sowie-so nur in wenigen Internetcafés eigene Disketten usw. verwendet werden dürfen. Man kann sich den Lebenslauf einfach selber per E-Mail schicken. So hat man ihn für Online-Bewerbungen gleich parat.

Das Anschreiben

Das Anschreiben sollte kurz gehalten werden und nie länger als eine Seite sein. Es ist die beste Mög-lichkeit, die **Aufmerksamkeit** und das Interesse des potenziellen Arbeitgebers zu erwecken. Wichtig ist, keinen Standardbrief zu verschicken, sondern indivi-duell auf das Unternehmen oder die Jobagentur einzugehen. Man sollte kurz seine Fähigkeiten und Berufserfahrung hervorheben und dabei auf die An-forderungen der ausgeschriebenen Stelle, auf die man sich bewerben möchte, eingehen. Alternativ wird man das Arbeitsgebiet beschreiben, in dem man eine Beschäftigung sucht. Eine nette Dankes-zeile für das Interesse und alle Kontaktmöglichkei-ten dürfen nicht fehlen.

Das Vorstellungsgespräch

Ob man zu einem Gespräch *(interview)* geladen wird oder sich initiativ vorstellt, ein **positiver erster Eindruck** ist entscheidend. Dazu gehört eine ge-pflegte Erscheinung und eine offene, selbstbewuss-te Haltung. Wer gut vorbereitet in ein solches Ge-spräch geht, hat schon halb gewonnen. Broschüren, Internetseiten oder auch die Stellenanzeige geben Auskunft über Firma und Arbeitsbereiche. Man soll-te sich Fragen zurechtlegen, schon Antworten auf mögliche Fragen des Arbeitgebers überlegen, Blick-kontakt halten und locker bleiben.

Wenn es doch nicht klappen sollte, weil z. B. gerade keine Stelle frei ist, kann man seine Kontaktangaben dalassen und ruhig nach Tipps und Empfehlungen für andere Jobs fragen.

Wwoofing

Wwoofing ist eine wunderbare Möglichkeit zu reisen, Geld zu sparen und interessante Australier kennenzulernen. Wwoof steht für **Willing Workers on Organic Farms** (etwa: freiwillige Arbeiter auf ökologischen Bauernhöfen). Es bedeutet, dass man auf Farmen Unterkunft und Essen bekommt und dafür einige Stunden am Tag arbeitet. Man verdient kein Geld und deshalb ist Wwoofing z. Z. auch ohne Working Holiday Visum möglich.

Einen Mitgliedsantrag kann man über die Wwoof-Website oder in einigen Hostels oder Reisebüros stellen. Die **Mitgliedschaft** ist für 12 Monate gültig, kostet ca. 70 $ und schließt eine kleine Unfallversicherung ein. Man erhält das **Australian WWOOF Book** inklusive Mitgliedsnummer, das gleichzeitig als Nachweis der Mitgliedschaft dient. Im Buch, das etwa alle 6 Monate aktualisiert wird, stehen Adressen und Beschreibungen von über 2600 Gastgebern (hosts) aus ganz Australien. Außerdem hat man als WWOOF-Mitglied Zugang zum WWOOF Forum online und kann sich updates der Gastgeberliste

◁ Dieser alte Traktor ist auch für die Wwoof-Arbeit nicht mehr zu gebrauchen

(neue und gelöschte Gastgeber) per E-Mail zuschicken lassen. Weiterführende Informationen zum Wwoofing stehen im PDF „The Practical Guide to WWOOFing", dass man für 8 $ erwerben kann.

Nicht alle Farmen betreiben tatsächlich Land- oder Viehwirtschaft bzw. arbeiten streng biologisch. Manchmal kann eine „Farm" ein **Haus mit Garten** in der Stadt, ein **Familienbetrieb mit Ferienwohnungen** oder eine **Nudistenkommune** und der „Farmer" ein Künstler, Rettungssanitäter oder Yogalehrer sein. Wenn man bei den Beschreibungen ein bisschen zwischen den Zeilen liest, wird man schnell merken, welcher Gastgeber zu einem passt. Es gibt **keinen Vertrag** zwischen Wwoofer und Gastgeber und die **Absprachen** erfolgen im gegenseitigen Einvernehmen. Man muss sich immer bewusst machen, dass die Gastgeber bereit sind, wildfremde Leute bei sich aufzunehmen und sollte

Help Exchange (HelpX)

Auf einem ähnlichen Prinzip wie Wwoof basiert auch HelpX. Es ist etwas preiswerter und funktioniert komplett online. Man erstellt auf der Website ein Profil, wenn man Hilfe sucht (host) oder anbietet (helper). Nach dem „Hilfsaustausch" kann man sich gegenseitig bewerten. Die Mitgliedschaft kostet 20 Euro für 2 Jahre. Entscheidet man sich für die kostenlose Variante, kann man nicht selber Leute kontaktieren, sondern nur angeschrieben werden.

■ *www.helpx.net*

sich dementsprechend respektvoll verhalten.

In den meisten Fällen wird man ganz selbstverständlich in den **Familien- und Farmalltag** integriert und kann viel über die australische Lebensweise herausfinden. Viele Wwoofing Hosts sind sehr an kulturellem Austausch interessiert. Außerdem erhält man Gelegenheit, sich so interessanten und nützlichen Dingen, wie Ziegen melken, Bäume pflanzen, Kuhtröge säubern oder Hühnerställe bauen, zu widmen. Im Durchschnitt werden 4–6 Stunden **Mitarbeit** am Tag erwartet. Die Mithilfe im Haushalt sollte selbstverständlich sein. Einige Farmen geben gewünschte Minimum- oder Maximumaufenthalte an. Auf etlichen Farmen ist das Rauchen (besonders in der Trockenzeit) nicht erwünscht oder sogar verboten.

Hat man eine **schlechte Wahl** getroffen und fühlt sich auf der Farm überhaupt nicht wohl, ist man nicht zum Bleiben verpflichtet. Wenn die Bedingungen für Wwoofer dort wirklich schlecht sind, sollte man sich auch nicht scheuen und das „schwarze Schaf" WWOOF Australia melden.

■ *WWOOF Australia, 2166 Gelantipy Rd, W Tree via Buchan, VIC 3885, Australien, Tel. +61 3 51550218, Fax 51550342, www.wwoof.com.au*

Volunteer work

Eine weitere Möglichkeit, die Zeit in Australien sinnvoll zu nutzen und etwas für das Gemeinwohl zu tun, ist **Freiwilligenarbeit.** Es gibt verschiedene Organisationen, die Workshops durchführen und dafür fleißige Hände brauchen. Meist muss man allerdings einen Teil der Kosten für Unterkunft, Transport und Verpflegung selbst tragen. Als Gegenleistung gibt es dafür jede Menge Spaß, neue Kontakte und interessante Erfahrungen sowie ein gutes Gewissen.

Büros von **Conservation Volunteers Australia,** einer großen Naturschutzorganisation, findet man in etlichen Städten Australiens. In Workcamps kann man gemeinsam mit Einheimischen und anderen Freiwilligen aus aller Welt aktiv die Umwelt schützen. Dazu gehören u. a. das Pflanzen von Bäumen, das Anlegen von Wanderwegen, das Aufstellen von Zäunen, aber auch Naturbeobachtung und das Schützen von bedrohten Tierarten.

Freiwilligenjobs finden

■ *GoVolunteer, Volunteering Centres in allen Bundesstaaten, nähere Infos siehe Website www.govolunteer.com.au*

■ *Conservation Volunteers Australia, Freecall 1800 032 501 (innerhalb Australiens), www.conservationvolunteers.com.au*

⊡ Als Projektteilnehmer bei Conservation Volunteers Australia kann man aktiv die Umwelt schützen

106as Abb. mt

▷ ▷▷ Man kann so übernachten, muss es aber nicht ... eine Couch findet sich bestimmt

Kostenlose Übernachtung

Welcher Reisende hat noch nicht den Begriff **„Couchsurfing"** gehört? Als Mitglied eines globalen Internetnetzwerkes von Reisenden kann man Kontakt zu anderen Mitgliedern aufnehmen und bei ihnen kostenlos übernachten, sich die Stadt zeigen lassen oder aber natürlich auch ihnen die eigene Bleibe als Übernachtungsmöglichkeit anbieten. Die Mitgliederzahlen in solchen Communities wachsen nach wie vor rasant.

Übernachtungsnetzwerke online
- *www.couchsurfing.org*
- *www.hospitalityclub.org*
- *www.globalfreeloaders.com*
- *www.bewelcome.org*
- *www.belodged.com*

Allen voran die von Couch-Surfing.org selbst, sozusagen Namensgeber dieser Art zu reisen, mit mehreren Millionen Mitgliedern. Es gibt aber auch noch andere erfolgreiche Netzwerke – die zum Teil weniger kommerziell arbeiten –, die Menschen näher zusammenbringen und so die Welt ein bisschen besser machen wollen. Sie alle basieren auf Online-Plattformen, auf denen

man sich als Mitglied registrieren und dann andere Mitglieder kontaktieren kann. Durch gegenseitige Referenzen bzw. Bewertungen, aber auch Bürgschaften und Verifizierungssysteme sind die Netzwerke recht sicher.

Bereits seit 1949 gibt es **Servas,** eine internationale Organisation, die für Frieden und soziale Gerechtigkeit eintritt. Um Verständigung und Toleranz zwischen den Völkern zu verbessern, fördert sie Kontakte von Mensch zu Mensch. Auch in Australien gibt es Gastgeber, die Servas-Mitglieder in ihrem Heim aufnehmen.

Um **Mitglied** zu werden, muss man mindestens 18 Jahre alt und tolerant sein und sich auf Englisch (für Australien) unterhalten können. Die Gebühr für das Reisen mit Servas beträgt ca. 20 € zuzüglich des Fördermitglieds-Beitrages von ca. 10 €.

Etwa sechs Wochen vor der geplanten Reise sollte man mit dem zuständigen Servas-Koordinator Kontakt aufnehmen. Man kann auf der Website eine Datenschutzerklärung und einen *Letter of Introduction (LoI)* ausdrucken, in dem man Angaben

Kostenlose Übernachtung

zu seiner Person macht. Danach wird mit einem Interviewer von Servas ein **Informationsgespräch** durchgeführt.

Der nach dem Gespräch bestätigte LoI wird mit einer Fotokopie und der Datenschutzerklärung an den zuständigen Koordinator geschickt. Dieser versieht den *Letter of Introduction*, der als Ausweis gilt und ab Reiseantritt für ein Jahr gültig ist, mit Wertmarken und schickt ihn zusammen mit den Gastgeberlisten zurück.

Man bekommt eine Liste der Gastgeber des Landes, das man bereisen will. Dort sind neben den Adressen auch Fremdsprachenkenntnisse, Reiseerfahrungen, Interessen und Bedingungen der Gastgeber aufgeführt. Wenn nicht speziell angegeben, sollte man sich mindestens einige Tage vor der geplanten Ankunft anmelden. Nicht immer klappt es gleich bei dem Host, den man sich ausgesucht hat. Gerade in populären Reisegebieten ist die Nachfrage größer als das Angebot, während sich Hosts in entlegeneren Gegenden mehr Gäste wünschen. In der Regel ist man für zwei Nächte eingeladen.

Der **kulturelle Austausch,** also das persönliche Interesse am Leben der Gastgeber und Gäste, soll im Mittelpunkt stehen. Wer nur eine kostenlose Unterkunft sucht, ist bei Servas an der falschen Stelle. Man sollte nicht mit leeren Händen zu Besuch kommen und sich selbstverständlich in den Alltagsablauf der Gastgeber integrieren. Vielleicht bringt man ein kleines Geschenk mit oder kocht ein typisches Gericht aus der Heimat.

Schickt man die Gastgeberliste zusammen mit dem **Reisebericht** spätestens vier Wochen nach Reiserückkehr an Servas zurück, erhält man die Pfandgebühr von 30 € für die Liste zurück. Es besteht keine Verpflichtung, selbst **Gastgeber** zu werden.

■ *Servas Germany e. V., Thiloweg 7A, 13437 Berlin,*
  Tel. 0700 73782733, www.servas.de

Schnäppchen

Nach dem Motto: „Wer viel fragt bekommt auch viel Rabatt" sollte man immer nach Ermäßigungen *(discounts)* für Backpacker fragen. Die **YHA- oder VIP-Cards** erweisen sich dabei als wahre Goldgruben. Auch ein **internationaler Studentenausweis** (**ISIC,** www.isic.de) kann hilfreich sein, da manche Institutionen Rabatte nur an Studenten geben. Für Reisende unter 26 Jahren gibt es die **International Youth Travel Card** (IYTC).

Auf jeden Fall bekommen Backpacker **Ermäßigungen** bei den großen Bus- und Zuggesellschaf-

◁ Manche wohlverdiente Pause gibt es sogar umsonst

ten, vielen Reiseveranstaltern, Autovermietungen, in einigen Geschäften für Outdoor-Ausrüstung und Kleidung, Kinos, Museen, Ausstellungen, Cafés u. v. m. Manche Aussies (besonders in ländlichen Gegenden) sind auch einfach zu nett, um einen kleinen Rabatt abzulehnen. Da zahlt man weniger, einfach weil man einen schönen Namen hat. Oder man bekommt ein ermäßigtes Ticket für Rentner, weil eines für Backpacker nicht vorgesehen ist.

Auch mit einer **Mitgliedskarte des ADAC, ÖAMTC oder TCS** kann man sparen. Die Automobilklubs in Australien verkaufen Reiseführer und -artikel für Mitglieder der Partnerklubs mit Rabatt. Kartenmaterial gibt es z. T. sogar kostenlos. Günstig Autofahren kann man bei **Autovermietungen** mit einem *relocation car* (z. B. www.relocationcarrental. com.au, www.drivenow.com.au/onewayrentals. jspc#/relocations/AU, www.spaceshipsrentals.com.

☐ Einige Internetcafés bieten Happy Hours oder Stempelkarten mit Rabatten an

110as Abb. yha

au/campervan-deals-2/relocation-deals oder www. imoova.com). Wer den Wagen für den Vermieter an eine andere Vermietstation zurückfährt, zahlt nur einen Teil des normalen Mietpreises.

Beim **Tanken** kann man auch manchmal etwas Geld sparen, wenn man in bestimmten Lebensmittelläden einkauft, die mit Mineralölkonzernen kooperieren und auf dem Kassenzettel sogenannte „Fuel Save Vouchers" ausgeben.

Man sollte immer nach **Happy-Hour-Angeboten** (z. B. in Internetcafés und Pubs) Ausschau halten. In einigen **Bibliotheken** hat man sogar gratis Zugang zum Internet (meist mit vorheriger Anmeldung und Zeitbeschränkung). **Stempelkarten** sind weit verbreitet. Für einige Male Internetnutzung oder Kaffeetrinken sammelt man Stempel und darf dann umsonst surfen bzw. bekommt einen Kaffee gratis.

Für das leibliche Wohl kann man einiges an **Essen und Trinken** ergattern. So gibt es z. B. in Casinos kostenlos Kaffee und Tee. *„Free coffee"* am Straßenrand soll Autofahrer bei langen Strecken zu einer Pause animieren. Etliche Hostels locken Gäste mit kostenlosem Frühstück (sehr beliebt sind Pancakes). Wer sich beim Karaoke (auch recht beliebt) mutig auf die Bühne wagt, bekommt nicht selten Getränkegutscheine. Oder man erledigt mal schnell den Abwasch eines Restaurants und bekommt dafür ein leckeres Essen und ein Bier. Bei Informationsabenden von Reiseveranstaltern wird meist mit *free (alcoholic!) drinks* gelockt.

Und wer unbedingt mal wieder zum **Friseur** muss, kommt als Haarmodell nicht nur schöner, sondern vielleicht sogar ohne Bezahlung aus dem Salon.

Schnäppchen im Internet

- *www.lastminute.com.au*
- *www.shopadocket.com.au*
  (Australiens größter Gutscheinservice)

Unterkünfte für Backpacker

◁ Übernachtung im Zelt – abenteuerlich und preiswert
(111as Abb.: dt, © Weinelm – Dreamstime.com)

Hostels

Arten von Hostels

Hostels – Unterkünfte für Backpacker – gibt es in Australien jede Menge. Auch in kleinen Orten findet man fast immer eine Bleibe. Viele der Hostels sind in Netzwerken organisiert. So unterstehen die **YHA Hostels** der australischen Jugendherbergsorganisation (Youth Hostel Association), während z. B. die **VIP Backpacker Resorts** unabhängige Backpacker Hostels (kurz: *Backpackers*) sind, die von ihren Eigentümern auch selbst bewirtschaftet werden.

Die **Ausstattung** und Atmosphäre der Hostels reicht von sehr groß bis ganz klein, von altmodisch bis modern, von familiär bis unpersönlich, von sehr ruhig bis partylaut und von steril bis dreckig.

Die **Preise** variieren stark je nach Ausstattung und Lage von ca. 20 $ bis über 30 $, wobei der

---

Netzwerke und Verbände

- *VIP Backpackers (www.vipbackpackers.com): Die VIP Discount Card sichert viele Vergünstigungen. Mit ihr zusammen gibt es das „accommodation & discount guidebook" und eine SIM-Karte.*
- *Youth Hostel Association (www.yha.com.au): Mitglieder erhalten zusätzlich zur Mitgliedskarte den YHA Accommodation Guide und einen regelmäßigen Newsletter.*
- *Nomads (www.nomadsworld.com): Mit der MAD Card erhält man den MAD Travel Guide mit zahlreichen Rabatten sowie eine Telefon- und Internetkarte.*
- *Base (www.stayatbase.com): Hostels in mehreren Städten, bietet auch Starter Packs.*
- *YMCA (www.ymca.org.au)*
- *YWCA (www.ywca.org.au)*

Durchschnitt etwa bei 26 $ liegt. Viele Hostels bieten günstige Wochentarife an. Allerdings bekommt man in der Regel keine Rückerstattung, wenn man seine Pläne ändert und vorzeitig auschecken will. Gute Hostels haben kein Problem, wenn man sich vor der Bezahlung erst mal umschaut.

Oft hat man die **Qual der Wahl,** wenn es um die Unterkunft geht. Viele Hostels werben mit Flyern, Websites oder Anzeigen. Hilfreich sind die Empfehlungen anderer Reisender. Ansonsten gelten die Regeln (die ohne Ausnahmen keine wären), dass Hostels im Stadtzentrum lauter sind als die am Stadtrand. In großen herrscht eine anonymere Atmosphäre als in kleinen. Werden Jobs vermittelt, geht es schon frühmorgens geschäftig zu. In **YHAs** wird man öfter auf Familien und ältere Reisende und damit eine andere Atmosphäre als in Backpackern treffen. Die Ausstattung der YHAs, die der Kontrolle des **Internationalen Jugendherbergsver-**

⌄ YHA-Hostels findet man australienweit

112as Abb. yha

bandes unterliegen, ist meist sehr gut. Die eigene Entscheidung richtet sich also nach persönlichen Ansprüchen und der Situation im Geldbeutel. Das teure, am besten ausgerüstete Hostel ist nicht immer die beste Wahl.

Ausstattung

Standardausstattung
Zur Standardausstattung eines Hostels gehören Rezeption, Gemeinschaftsküche, Aufenthalts- und Fernsehraum, Schlafräume, Waschräume und eine Möglichkeit zum Wäschewaschen. Viele Hostels bieten Internet- und Telefonzugang für die Gäste. Sogar hauseigene Cafés, Bars, Restaurants oder Reisebüros findet man in einigen Häusern.

Das Buchen von Touren wird oft auch an der Rezeption angeboten. Dort gibt es neben Stadtplänen, Broschüren und Tipps auch ein schwarzes Brett für Nachrichten, Gesuche und Angebote. Der 24-Stunden-Zutritt für Gäste *(no curfew)* – sei es durch einen Nachtportier, eigene Schlüssel oder ein Türschloss mit Zahlencode – ist mittlerweile Standard.

Schlafräume
Die Schlafräume unterscheiden sich in:
- *dormitory*, kurz *dorm* (mit mehreren Freunden)
- *twin* (mit einem guten Freund)
- *double* (mit einem sehr guten Freund)
- *single* (wenn man mal Ruhe braucht von all den Freunden)

Nicht jedes Hostel bietet jedoch alle Zimmervarianten. In den *dorms* stehen meist Doppelstockbetten *(bunk beds)*. Bietet ein Hostel verschieden große *dorms* an, wird man für ein Bett im 4er *dorm* etwas mehr zahlen als im 6er, 8er usw. (Skala der Bettenanzahl nach oben fast offen). Die 2er und Single-

Zimmer kosten entsprechend mehr als ein Bett im *dorm*. Während in den YHAs in der Regel getrennte Schlafräume für Männlein und Weiblein Vorschrift sind, gibt es in Backpacker Hostels oft gemischte Schlafräume. Viele Hostels bieten aber einen extra Schlafraum nur für Frauen an.

⌂ In Hostels übernachtet man üblicherweise in Etagenbetten

Küche

Die Küchen haben mehr oder weniger ausreichende Küchenutensilien zur freien Verfügung. Nach der Benutzung ist man angehalten, alles aufzuwaschen und zurückzustellen. Für die Lebensmittelaufbewahrung gibt es Regale und Kühlschränke. Alles soll in Tüten (in jedem Supermarkt wird man damit zugemüllt) verpackt werden. Die Hostels haben verschiedene Methoden, um sich vor faulenden Lebensmitteln zu schützen. Einige vertrauen auf die

⌃ Die Hostelküche kann jeder nutzen – und jeder muss sie auch sauber halten

Beschriftung der Tüten mit Namen und Abreisedatum, andere auf die Beklebung mit bunten Punkten. Manche Kühlschränke oder Regale werden an einem festgelegten Wochentag leer geräumt. Sehr beliebt ist das Kostenlos-Fach *(free food shelf)* – bei den übriggebliebenen Speisen kann sich jeder bedienen. Das Kochen in den Hostels ist normalerweise kein Problem. Herdplatten, Töpfe und Pfannen wird man immer vorfinden. Auch Wasserkocher und Toaster gehören zum Standard. Eine Mikrowelle ist dagegen die Ausnahme.

Wäscherei

Die meisten **Waschmaschinen** in den Hostels *(laundry facilities)* waschen mit kaltem Wasser – ein australisches Phänomen. Sie funktionieren per Münzeinwurf. Kleine Waschmittelpäckchen kann man vor Ort aus dem Automaten ziehen oder an der Rezeption kaufen. **Trockner** gibt es eigentlich auch immer. Sie nehmen ebenfalls Münzen – und nicht zu wenig. Meist kann man sich ein Bügeleisen ausleihen. Einige Hostels haben auch Wäscheleinen im Freien. Bei dieser kostenlosen Trockenmöglichkeit kommen aber leider ab und zu Kleidungsstücke abhanden.

Reservierung und Einchecken

Es ist ratsam, ein Bett oder Zimmer einen Tag vor der Anreise zu reservieren. In Spitzenzeiten sollte das sogar 3–4 Tage vorher sein. Viele Hostels bieten einen kostenlosen **Abholservice** (pick-up) von Bus oder Bahn, den man bei der Reservierung vereinbaren kann. In einigen Touristenzentren stehen die Autos der Hostels bei Ankunft von Zügen und Bussen gleich bereit, um neue Schlafgäste zu werben. Beim Einchecken wird in der Regel ein **Pfand** (key deposit) von einigen Dollar für den Zimmerschlüssel bzw. die Chipkarte verlangt, den man beim Auschecken wiederbekommt. Pfand muss man manchmal auch für einen Satz Geschirr und Besteck hinterlegen.

Sicherheit

Man muss in Hostels grundsätzlich immer gut auf seine Sachen aufpassen. Nicht nur Geld oder Kreditkarten, auch Kleidung, Bücher, Handys, Fotoapparate – also ziemlich alles, was nicht niet- und nagelfest ist – wird leider nur zu gern mitgenommen. Etliche Hostels haben in den Zimmern mittlerweile **Schließfächer,** die man mit einem kleinen Schloss absichern kann. In einigen Hostels kann man Wertgegenstände an der Rezeption deponieren. Außerdem wird die Aufbewahrung von Gepäck angeboten, wenn man z. B. eine Tour unternimmt oder früh auschecken muss und erst später weiterreist.

Campingidylle
mit Kängurus

Camping

Zelten ist noch etwas preiswerter, als in Hostels zu übernachten. Man kann in sogenannten **Caravanparks** mit all ihren Annehmlichkeiten wie Rezeption, Toiletten mit Wasserspülung, Duschen, Waschmaschinen und meist auch Gemeinschaftsküchen oder zumindest öffentlichen Barbecues campen. Wem es im Zelt etwas zu ungemütlich ist, der kann sich in den Caravanparks eine kleine Hütte *(cabin)* mieten.

In **Nationalparks** (dort sind nicht überall Caravans erlaubt) geht es etwas einfacher zu. Meist gibt es auf den ausgeschilderten Campingplätzen bloß eine Biotoilette, eventuell noch einen Wassertank. Manchmal stehen Tische und Bänke, Grillvorrichtungen mit Gasflasche oder Grillhalterungen fürs

115as Abb.: fo, © MV – Fotolia.com

Lagerfeuer zur Verfügung. In der Trockenzeit sind offene Feuer aber oft verboten.

Zusätzlich zur **Eintrittsgebühr** für den National-park ist noch eine Gebühr für das Zelten zu zahlen. Oft läuft das über Selbstregistrierung – die so ge-nannten *honesty boxes* – oder der Ranger kommt zum Abkassieren. Die Preise für das Campen mit einem Zelt und zwei Personen schwanken stark zwi-schen ca. 8 und 25 $.

In den Nationalparks darf nur an den vorgesehen Stellen gezeltet werden. Ansonsten ist es aber auch möglich, wild zu campen. Die Nationalparks hal-ten kostenlose **Informationsblätter** zu ihren Cam-pingmöglichkeiten bereit. Wer außerhalb der Parks wildromantisch und preiswert zelten will, kauft sich am besten eine Broschüre oder App (s. S. 171) mit Tipps zu kostenlosem Camping.

Mietwohnung

Wer längere Zeit an einem Ort bleiben möchte, spielt vielleicht mit dem Gedanken, ein Zimmer zu mieten. Entweder für sich allein oder mit ein oder zwei Leuten zusammen, wie es gerade in den teuren Großstädten oft vorkommt. Eine eigene Wohnung ist dort fast unerschwinglich. Mitbewohnergesuche, Zimmer- und Wohnungsangebote findet man an den schwarzen Brettern (auch in Unis schauen), in den Tageszeitungen (Wohnungsmarkt meist sonnabends) und im Internet.

„shared accommodation" online

- *www.flatmatefinders.com.au*
- *www.share-accommodation.net*
- *www.gumtree.com.au*
- *http://au.easyroommate.com*

⊡ Das Ocean Child in Hobart: unten Pub, oben Hostel

007.avfAbb.:ab

Sonstige Nachtlager

Natürlich gibt es noch viele weitere Möglichkeiten, um in Australien sein müdes Haupt zu betten. Je nach finanzieller Situation kann man sich vielleicht die Übernachtung im Hotel oder Motel leisten. Es gibt auch günstige Unterkünfte in Pubs, Lodges, Guest Houses und im Bed & Breakfast.

Housesitting

Günstig wohnen kann man, wenn man für jemanden dessen Wohnung oder Haus hütet. Angebote z. B. unter
- *www.aussiehousesitters.com.au*

Privatunterkünfte

Private Unterkünfte mit Kontakt zu Einheimischen vermitteln z. B.
- *www.airbnb.com (AirBed & Breakfast)*
- *www.homestayweb.com*
- *www.campinmygarden.com*

Übernachten in Universitäten

Während der Semesterferien kann man sich auf dem Campus einmieten
- *www.universitystays.com.au*

Unterwegs Down Under

⟨ Unmotorisiert geht in Australien fast nichts ...
(116as Abb.: fo, © Sam D'Cruz – Fotolia.com)

117as Abb.: fo © HLPhoto – Fotolia.com

Große Entfernungen

Australien ist ein Land der großen Entfernungen. Sind für Mitteleuropäer 150 km bereits recht viel, empfinden Australier das als „Katzensprung". Wer z.B. zum Uluru will, muss stundenlang durch menschenleere Wildnis fahren. Dabei kann man nicht einmal mehr Autoradio hören, weil es dort einfach keinen Empfang gibt. Womit und wie man in Australien reist, sollte also wohl überlegt sein.

Per Bus

Die **Fernbusse** *(coaches)* sind in der Regel die billigsten und auch gebräuchlichsten öffentlichen Verkehrsmittel. Der Nachteil ist, dass viele schöne Ecken des Landes leider nicht auf diesen direkten Routen liegen.

Die **große überregionale Linienbusgesellschaft** ist Greyhound Australia. Die Busse fahren australienweit fast alle Städte an und halten auf Wunsch auch in kleinen Orten an der Strecke. Schließlich transportieren sie zum Teil auch Post und müssen daher sowieso öfter einen Zwischenstopp einlegen. Es gibt auch etliche **regionale Unternehmen,** die günstige Tarife anbieten.

Australische Busgesellschaften

- *www.buslines.com.au*
  (Busgesellschaften der einzelnen Bundesstaaten)
- *www.greyhound.com.au*
  (Greyhound Australia, australienweites Streckennetz)
- *www.redlinecoaches.com.au (Tasmanien)*
- *www.tassielink.com.au (Tasmanien)*
- *www.premierms.com.au*
  (Premier Motor Service, Ostküste)
- *www.fireflyexpress.com.au*
  (Firefly Express Coaches, Sydney - Canberra - Melbourne - Adelaide)

Fahrkarten gibt es in den Büros der Busgesellschaften, in Reisebüros oder online. Man sollte das Ticket rechtzeitig kaufen – in der Hochsaison sind die Busse voll.

Greyhound Australia bietet speziell auf Backpacker zugeschnittene **Buspässe** an, z. B. die „Mini Traveller Passes", die je nach Route für bis zu 90 Tage gültig sind. Mit ihnen kann man festgelegte Routen abfahren und unterwegs beliebig oft aussteigen. Außerdem gibt es „Travel & Stay Packages" (z. B. Travel Base und Travel Nomads), die auch die Unterkunft beinhalten. Der „Kilometre Pass" ist bis zu 12 Monate gültig. Man kauft eine bestimmte Kilometeranzahl

TIPP

Lange Busfahrten

Durch die großen Entfernungen ist man zum Teil sehr lange unterwegs. Viele Busse fahren über Nacht. Da die Klimaanlagen immer auf Hochtouren laufen, sollte man einen Pullover und eventuell Kissen und Schlafsack mit in den Bus nehmen. Wer nicht schlafen kann, wird manchmal mit Videos getröstet.

(zwischen 1000 und 25.000), die man beliebig abfahren kann. Je mehr Kilometer man kauft, desto günstiger wird der Kilometerpreis.

Mit einem Backpacker-Ausweis gibt es bei der Buchung **Rabatt.** Die Pässe werden namentlich ausgestellt, können nicht umgetauscht oder zurückgegeben werden und sind eigentlich nicht übertragbar. Deshalb sollte man sich den Kauf, besonders bei den Routen-Pässen, vorher wirklich genau überlegen.

Mit dem Zug

Wer dem Zugfahren nicht gänzlich abgeneigt ist, sollte in Australien unbedingt eine **Zugfahrt** einplanen. Auch wenn Züge von verschiedenen Zuggesellschaften in weiten Landesteilen verkehren, gilt doch den Linien der Great Southern Railway die meiste Aufmerksamkeit. Die legendären Züge ↗ **„The Indian Pacific"** und ↗ **„The Ghan"** sind weltberühmt. Eilig sollte man es nicht haben, wenn man sich für eine Reise mit diesen Zügen entscheidet. Beide fahren zweimal wöchentlich. Man kann sowohl einen **Sitzplatz** (*daynighter seat*) als auch einen Platz im **Schlafwagenabteil** (*sleeper cabin*) buchen. Die Sitzplätze sind preiswert und relativ bequem. Außerdem besitzen die Züge einen Lounge- und einen Buffetwagen, sodass für etwas Bewegung und Verpflegung gesorgt ist. Allerdings darf man in der Lounge nicht übernachten. Ein mitgebrachtes Kissen oder ein Schlafsack machen die Nacht auf dem Sitzplatz etwas bequemer und wärmer. Große **Gepäckstücke** werden vor der Abreise eingecheckt und kommen in einen separaten Gepäckwagen. Auch Autos können auf einem extra Wagen mitgenommen werden. Weil es den Reisenden an nichts fehlen soll, gibt es sogar Duschen (und Handtücher!).

118as Abb. ta Great Southern Rail - Tourism Australia

The Indian Pacific

Der Indian Pacific (s. o.) durchquert mit seiner Route von Sydney über Broken Hill, Adelaide und Kalgoorlie nach Perth einmal das ganze Land (4352 km). Für die volle Entfernung ist man drei Nächte (!) unterwegs - die planmäßige Fahrzeit beträgt rund 65 Stunden. Auf seiner Strecke durchfährt er die Nullarbor-Ebene und gleitet dort auf der längsten, schnurgeraden Gleisstrecke der Welt (478 km) dahin. Einen Extrastopp gibt es in Cook, direkt am Nullarbor Plain, um sich die Beine zu vertreten und den Blick ins Nichts schweifen zu lassen.

The Ghan

Genauso berühmt wie der Indian Pacific ist der Ghan, der von Adelaide über Port Augusta und Alice Springs bis nach Darwin fährt (2979 km). Für die ganze Strecke benötigt man zwischen 47 und 49 Stunden. Der Zug verlässt Adelaide am späten Nachmittag und fährt über Nacht Richtung Alice Springs. Wenn man frühmorgens aus dem Abteilfenster schaut, dann ist man schon im Roten Zentrum Australiens und kann sich beim Sonnenaufgang von der roten Erde und der endlosen Weite des Outbacks faszinieren lassen und Kängurus bestaunen.

119as Abb. ta, Great Southern Rail – Tourism Australia

⌂ Der Ghan fährt zweimal wöchentlich von Adelaide nach Darwin

Es empfiehlt sich, **Fahrkarten** einige Tage vor Reiseantritt zu kaufen. Man bekommt immer einen Sitzplatz zugewiesen. Reservieren kann man ein Ticket im Reisebüro, am Bahnhof und über Internet. Auch beim Zugfahren gibt es mit Backpacker-Ausweisen **Rabatte.** Manchmal werden saisonale Sonderangebote gemacht oder Rabatte bei frühzeitiger Buchung gewährt.

Rail Australia bietet eine ganze Reihe interessanter **Bahnpässe** an, die für Züge der Great Southern Railway, Queensland Railways und NSW TrainLink gelten. Genaue Informationen zu Konditionen, Gültigkeit und Preisen findet man auf der Website von Rail Australia.

Zuggesellschaften

- *Rail Australia (www.railaustralia.com.au): Infos zu Bahnpässen, Fahrplänen und Preisen*
- *Great Southern Railway (www.gsr.com.au)*
- *NSW TrainLink (www.nswtrainlink.info)*

- *QueenslandRail (www.queenslandrail.com.au)*
- *V-Line (www.vline.com.au)*
- *Transwa (www.transwa.wa.gov.au)*

Im Flugzeug

Wenn einem die Zeit im Nacken sitzt, bieten sich Inlandsflüge an, um die riesigen Entfernungen in Australien schnell zu überwinden. Neben Qantas hat vor allem Virgin Blue interessante Angebote. Am günstigsten sind die Flüge direkt über das Internet zu buchen. Wer einen Newsletter abonniert, ist immer über Sonderaktionen im Bilde. Es gibt noch etliche kleinere Fluggesellschaften, die entlegene Gebiete anfliegen. Nähere Informationen dazu holt man sich am besten vor Ort.

Fluggesellschaften
- *www.virginaustralia.com*
- *www.qantas.com.au*
- *www.jetstar.com.au*
- *www.tigerairways.com.au*

Mit Tourenanbietern

Wem das Reisen mit Fernbus, Zug oder Flugzeug zu langweilig und unpersönlich ist, der sollte sich die Angebote der Tourenanbieter anschauen. Viele Reiseveranstalter haben ihre Programme speziell auf Backpacker ausgerichtet. Dementsprechend bestehen die **Reisegruppen** auch meist aus jungen (oder zumindest jung gebliebenen) Leuten. Informationen zu diesen Touren findet man in Hostels (wo man meist gleich buchen kann), in Reisebüros, der Touristeninformation, den Büros der Reiseveranstalter und auf deren Websites, wo man auch gleich buchen kann.

Mit Tourenanbietern

Bei den Touren gibt es alle möglichen **Varianten:** Halbtags oder ganztags, mehrere Tage bis hin zu Wochen lang kann man sich und nicht wenig Geld dem Reiseveranstalter anvertrauen. Einige Firmen werben gezielt mit kleinen Gruppen. Oft ist die Verpflegung im Preis inbegriffen. Geschlafen wird in Hostels, Hütten, Zelten oder in Swags (eine Art Überschlafsack) unter freiem Himmel. Wer reichlich Infos möchte und viele Sehenswürdigkeiten in relativ kurzer Zeit sehen will, ist mit solchen Touren gut beraten.

Wer es gern ein bisschen individueller mag, aber trotzdem nichts verpassen will, sollte sich für so genannte **On/Off-Touren** entscheiden. Dabei kann man auf einer gebuchten Route an diversen Orten aus- und später auch wieder einsteigen, solange man die gewünschten Stopps rechtzeitig der Telefonzentrale des Reiseveranstalters meldet oder online bucht. Die Routen führen an allen wichtigen

◁ Tourenanbieter Mojosurf kommt groß und pink daher

Sehenswürdigkeiten entlang und die **Reiseleiter** (*tourguides*) kennen alles von historischen Daten über die besten Bäcker und die schönsten Strände bis hin zu billigen Einkaufsmöglichkeiten für das Abendessen.

Neben Oz Experience (dem größten Anbieter, der fast den ganzen Kontinent abdeckt) gibt es noch etliche zum Teil nur lokal operierende **Unternehmen.** Je nach Anbieter kann man Pässe kaufen, Rundfahrten oder Teilstrecken buchen. Mit einer YHA- oder VIP-Card bekommt man meist Rabatt.

Tourenanbieter

Internetadressen von einigen Reiseveranstaltern für einen ersten Einblick in diese Art des Reisens:

- *www.ozexperience.com*
- *http://jungletours.com.au*
- *www.thetraveller.net.au*
- *www.magnums.com.au*
- *www.surfandsun.com.au*
- *www.mojosurf.com*
- *www.headingbush.com*
- *www.adventuretours.com.au*
- *www.groovygrape.com.au*
- *www.wayoutback.com.au*

Auto – kaufen oder mieten?

Mit einem eigenen Auto unterwegs zu sein, ist eine sehr beliebte Reiseart der Backpacker. Man ist **unabhängig** von Routen und Fahrplänen der öffentlichen Verkehrsmittel oder den festgelegten Abläufen der organisierten Touren. Wenn man für mehrere Monate (mind. 10 Wochen) in Australien im Auto reisen will, ist der Kauf eines Autos in der Regel günstiger als eines zu mieten. Praktisch, wenn man mit mehreren Leuten ein Auto und damit die laufenden Kosten teilen kann.

Auto – kaufen oder mieten?

Verkaufsangebote

Der australische **Gebrauchtwagenmarkt** ist sehr rege. Oft kaufen sich Backpacker die Autos gegenseitig ab. Allerdings ist Vorsicht geboten. Viele dieser Autos sind 15–25 Jahre alt, schon mehrmals durch den ganzen Kontinent gefahren und in mangelhaftem Zustand. Am sichersten ist, man lässt das Auto vor dem Kauf in einer Werkstatt oder von einem Automobilklub durchchecken (Kosten ca. 200 $). Zumindest sollte man zum Verhandeln jemanden mitnehmen, der sich mit Autos auskennt. Eine Probefahrt sollte selbstverständlich sein.

Viele **Angebote** hängen an den schwarzen Brettern aus. In manchen Städten gibt es Gebrauchtwagenmärkte speziell für Backpacker. Davon – und von den offiziellen – erfährt man durch Rumfragen oder aus der Zeitung. In den lokalen Tageszeitungen erscheint der Kfz-Markt sonnabends.

TIPP

Rund ums Autofahren in Australien

Die Macher von Reisebine.de haben eine informative Website erstellt, die Tipps zum Autokauf, -mieten und -fahren, einen FAQ-Bereich und ein Auto-ABC mit der Übersetzung wichtiger Vokabeln bietet.

■ *www.autofahren-australien.de*

Gebrauchtwagenmarkt in Sydney

■ *Sydney Travellers Car Market, Level 2, Ward Avenue Car Park, Kings Cross, Sydney, Tel. +61 2 93314361, geöffnet: Mo.-Sa. 10-16.30 Uhr, www.sydneytravellerscarmarket.com.au. Es werden auch Autoversicherungen angeboten.*

Anzeigenblättchen und Online-Anzeigen

■ *www.tradingpost.com.au*
■ *www.carsguide.com.au*
■ *www.carpoint.com.au*
■ *www.cars4backpackers.com.au*
■ *www.gumtree.com.au*
■ *www.autoweb.com.au*
■ *www.carsales.com.au*

Wem der Kauf von privat zu heikel ist, der sollte sich an einen **Autohändler** wenden. Es gibt welche, die sich auf Backpacker spezialisiert haben. Autohändler verlangen zwar mehr Geld, bieten in der Regel aber eine Garantie auf bestimmte Fahrzeugteile und eine Rückkaufgarantie *(buy back-deal)*. Die Zeit, die man ansonsten in den Wiederverkauf des Autos investieren müsste, darf man nicht unterschätzen. Allerdings sollte man nur mit lizenzierten Autohändlern *(licensed car dealers)* Geschäfte machen, sich immer alles schriftlich geben lassen und den Vertrag genau lesen.

Gebrauchtwagenhändler

■ *www.travellers-autobarn.com*

Auto kaufen

Beliebte **Fahrzeugmarken** für Backpacker sind Ford Falcons und Holden Commodores, aber auch VW-Busse. Praktisch sind sie vor allem, weil man in ihnen auch schlafen kann. Auch japanische Marken, wie Toyota und Nissan, sind sehr gängig. (Mit Autos dieser Marken hat man in Bezug auf Werkstätten und Ersatzteile wenig Probleme.) Will man einen relativ zuverlässigen und ordentlich ausgestatteten Pkw erwerben, sollte man als **Preis** mindestens 3000 $ einplanen. Bei billigeren Fahrzeugen ist der Ärger meist schon vorprogrammiert und man zahlt spätestens bei den Reparaturen drauf. Entscheidet man sich für einen Wagen mit Allradantrieb, muss man mit mind. 5000 $ rechnen.

Als Ausländer in Australien ein Auto zu kaufen, ist kein Problem. Man muss den Internationalen Führerschein und den Reisepass vorweisen und den Führerschein

Australisches Autovokabular

sedan = Pkw
station wagon = Kombi
4 wheel drive (4WD) =
    Geländewagen (Allradantrieb)
campervan = Mini-, Campingbus
ute (utility truck) =
    kleiner Lieferwagen, Pick-up
motorhome = Wohnmobil

Auto – kaufen oder mieten?

mindestens ein Jahr besitzen. Da sich die **Anmeldeformalitäten,** Sicherheitsbestimmungen und Nummernschilder in den Bundesstaaten zum Teil stark unterscheiden, sollte man vor dem Autokauf über die gesetzlichen Regelungen Bescheid wissen. Informationen gibt es u. a. auf der Website http://australia.gov.au/ topics/transport/registration-and-licences und bei den Automobilklubs. Das Fahrzeug braucht auf jeden Fall eine gültige Zulassung bzw. Registrierung *(rego)*. Deren Ablaufdatum steht auf einem Aufkleber, der auf die Windschutzscheibe kommt. Praktisch, wenn die *rego* beim Autokauf noch einige Monate gültig ist. In einigen Staaten kann man die Anmeldung des neuen Besitzers *(transfer of vehicle licence invoice)* und die Registrierung per Internet beantragen und bezahlen. Dies ist besonders praktisch, wenn man ein Auto nicht in dem Bundesstaat kauft, in dem es angemeldet ist, denn nur dort kann man es an-/abmelden. Das Neuzulassen und Umschreiben eines Wagens mit dem Nummernschild eines anderen Staates gestaltet sich sehr kompliziert und langwierig. Am besten kauft und verkauft man das Auto im selben Staat. Klappt das nicht, lieber ein Auto aus dem Staat kaufen, in dem man es verkaufen will und selber mit der Bürokratie kämpfen – das erhöht die Wiederverkaufschancen. Viele Staaten verlangen ein *Roadworthy Certificate* („*pink slip*" genannt) für das Auto, das etwa dem TÜV gleichkommt.

In den Kosten für die Registrierung des Fahrzeuges ist automatisch die **Versicherung** gegen Perso-

TIPP

Automobilklubs

Eine Mitgliedschaft in einem Automobilklub lohnt in jedem Fall. Obwohl jeder Bundesstaat seine eigene „Automobile Association" hat, kann man als Mitglied in einem der Klubs die Leistungen aller Associations nutzen, wie z. B. Hilfe bei Autopannen, Beratung in Bezug auf lokale Vorschriften, Hinweise zum Kauf und Verkauf von Fahrzeugen oder (gegen eine Gebühr) ein Auto checken lassen.
Auf der Website der Australian Automobile Association findet man Links zu den Automobilklubs aller Bundesstaaten, Infos zu Spritpreisen u. v. m.
■ *www.aaa.asn.au*

nenschäden CTP (*compulsory third party personal insurance*, „*green slip*" genannt) mit eingeschlossen. Sachschäden an anderen Fahrzeugen sollte man auf jeden Fall noch zusätzlich versichern (*third party property insurance*). Angeboten wird sie in verschiedenen Varianten z. B. von Automobilklubs oder dem Kings Cross Car Market (auch per Fax).

Websites rund ums Thema Auto

- *Personal Property Securities Register (PPSR) (www.ppsr.gov.au): Überprüfung noch ausstehender Zahlungen zum Auto*
- *National Roads and Motorists' Association (www. mynrma.com.au): Tipps zu Autokauf u. -inspektionen*

Auto mieten

Wenn man nur für einige Tage oder Wochen ein Auto braucht, ist man mit der Anmietung gut beraten. Mit ein paar Passagieren werden solche Ausflüge

☑ Stolz mit dem Mietwagen unterwegs

Auto – kaufen oder mieten?

▷ Wer ins Outback will, muss einen 4WD (Auto mit Allradantrieb) fahren – dann hat man auch viel Spaß

sogar zur **preiswerten Alternative** zu öffentlichen Verkehrsmitteln und Tourbuchungen.

In Australien gibt es die üblichen, großen Autovermietungen und lokale, meist etwas billigere, **Anbieter.** Ob billig auch besser ist, kann man nur durch Vergleichen der Angebote und Konditionen herausfinden. Normale Mietwagen, Campervans, 4WDs – alles geht, aber nicht überall. Die meisten Firmen erlauben mit normalen Mietwagen kein Befahren unbefestigter Straßen. Dafür muss man einen **4WD** mieten. *One-way rental*, d. h. das Mietauto an einem anderen Ort als dem Ausgangspunkt abgeben, bieten nicht alle Vermietungen an.

Nicht alle Autovermieter vermieten an 18-Jährige, oft muss man bereits 21 Jahre alt sein, bis zu einem Alter von 25 Jahren ist mit einer höheren Versicherung oder Restriktionen bei der Autogröße zu rechnen. Wichtig ist die **Versicherung.** Meist ist die

Selbstbeteiligung sehr hoch. Fahrten bei Nacht, auf Sand- und Schotterpisten bzw. typische Schäden an Dach, Unterboden oder Windschutzscheibe, die dabei passieren können, sind z. T. gar nicht versichert. Bei Beantragung der Versicherung müssen alle möglichen Fahrer angegeben werden, sonst erlischt der Versicherungsschutz.

Wohnmobilanmietung ab 18 Jahren

- *Jucy Rentals, www.jucy.com.au*
- *mighty cars & campers, www.mightycampers.com.au (Fahrzeugtypen Lowball, Highball, Jackpot)*
- *Hippie Camper, www.hippiecamper.com*
- *Spaceships Campervan Hire, www.spaceshiprentals.com.au*

Autofahren in Australien

Die meisten wissen es: Es herrscht **Linksverkehr.** Und daran sollte man sich gerade in den ersten Tagen immer wieder erinnern. Alle wichtigen Straßen sind mittlerweile durchgehend asphaltiert. Abgesehen von einigen wenigen vielspurigen **Highways** sind sie zweispurig mit Überholspuren alle paar Kilometer. Sobald man sich von den großen, quer durchs Land führenden Routen entfernt, trifft man auf **Sand- und Schotterstraßen** (*dirt road, gravel road*). Dort zu fahren erfordert Geschick. Man sollte also sicher im Umgang mit dem Auto sein.

Das allgemeine **Tempolimit** beträgt innerorts 60 km/h. In einigen Vorstadt-/Wohngebieten ist die erlaubte Höchstgeschwindigkeit 50 km/h. Auf Freeways und großen Highways darf man in der Regel 100 oder 110 km/h fahren. Es herrscht für alle Autoinsassen Anschnallpflicht. In Australien gilt die **0,5-Promille-Grenze** – allerdings sollte man wie auch zu Hause am besten ganz auf Alkoholgenuss verzichten, wenn man mit dem Auto unterwegs ist.

Autofahren in Australien

Oft ist **Wild** in Unfälle verwickelt. Besonders Kängurus – aber auch Kühe – werden in ländlichen Gebieten häufig zu Verkehrsopfern. Kängurus, meist in Rudeln unterwegs, sind besonders in den frühen Morgenstunden und ab Eintritt der Dämmerung aktiv. Das Scheinwerferlicht irritiert sie beim Überqueren der Straße und sie springen unkontrolliert in alle Richtungen. Von **Nachtfahrten** ist grundsätzlich abzuraten. Outback-tüchtige Fahrzeuge haben zum Schutz gegen Wild breite Stoßstangen, die so genannten *roo bars (kangeroo)*.

Gefährlich wird es, wenn man die Straßen mit **Roadtrains** teilen muss. Die riesigen Laster sind mit mehreren Anhängern bis zu 50 m lang. Wenn sie mit einer großen Wolke aus **Staub und Schottersteinen** heranrauschen, fährt man möglichst links ran und wartet, bis die Sicht wieder frei ist.

Wenn man Touren durch das **Outback** plant, sollte man sich und sein Fahrzeug gut vorbereiten.

123as Abb: fo, © Benshot – Fotolia.com

▷ Achtung: In Australien herrscht Linksverkehr

Mit einem 4WD hat man die besten Karten, denn manche Strecken sind nur für Autos mit Allradantrieb zugelassen. Ein Abschleppseil, mindestens ein geprüftes Ersatzrad und gutes Werkzeug gehören in jedes Auto. Ist eine Fahrt ins Outback geplant, sollte man wenigstens die Reifen noch mal in einer Werkstatt überprüfen lassen. Wichtig sind außerdem gute Landkarten, ein gefüllter Benzinkanister, jede Menge Wasser (an eine Extraportion Kühlwasser denken) und Proviant.

In abgeschiedenen Gebieten liegen die einfachen Raststätten (*roadhouses* mit Tanksäule) manchmal 200 bis 300 km weit auseinander. Bleibt man trotz aller Vorsichtsmaßnahmen liegen, ist es das Beste, sich nicht vom Auto zu entfernen. Bevor man eine Tour in ein entlegenes Gebiet startet, erkundigt man sich bei Einheimischen nach dem Zustand der Straßen. Nicht alle Routen sind zu jeder Jahreszeit befahrbar.

124s Abb. fo. © Gilles Paire – Fotolia.com

◁ Ein Roadtrain kann bis zu 50 m lang sein

06 tas Abb. ad

Mitfahren

Vom **Trampen** wird auch in Australien grundsätzlich abgeraten. Wer eine Mitfahrgelegenheit sucht oder anbieten will, nutzt die schwarzen Bretter in Hostels. Man sollte sich vor der gemeinsamen Abreise ein bisschen „beschnuppern": Passt die geplante Route zu meiner Reiseplanung? Wie sicher ist der Fahrer? Wie ist der Zustand des Autos? Was für Vorstellungen vom Reisen hat er/haben die anderen Passagiere?

⌂ Mit dem richtigen Beifahrer macht es noch mehr Spaß. Er sollte Karten lesen können und nicht meckern ...

Mitfahrgelegenheiten übers Internet

- *www.shareyourride.net*
- *www.needaride.com.au*
- *www.coseats.com*

Fahrradfahren

Das Fahrradfahren wird in Australien immer beliebter. Zum einen gibt es in den großen Städten wie Melbourne, Sydney, Brisbane oder Cairns mittlerweile viele gut ausgebaute Fahrradwege für Einheimische und Touristen, zum anderen werden gerade für Australienbesucher Fernradwege immer interessanter. So verläuft beispielsweise in South Australia der Mawson Trail, ein Fernradweg von 877 km Länge, der die Herzen von Mountainbikern höherschlagen lässt. Egal ob in der Stadt oder im Nationalpark: In Australien besteht gesetzliche Helmpflicht und auf dem Fahrrad gilt 0 Promille.

Einige Links rund ums Thema Radfahren

- *Melbourne: www.melbournebikeshare.com.au*
- *Brisbane: www.citycycle.com.au, www.briscycle.com*
- *Mawson Trail: www.southaustraliantrails.com*

◁ So manche
Wanderung beschert
wunderschöne
Ausblicke

Wandern

In den zahlreichen **Nationalparks** und rund um
die Touristenattraktionen gibt es viele schöne und
meist gut ausgeschilderte Wanderwege. Fast jeder
Nationalpark hat ein **Informationszentrum,** wo
man Broschüren mit **Wanderroutenvorschlägen,**
Informationen zu Tier- und Pflanzenwelt sowie zu
Übernachtungsmöglichkeiten erhält und nützliche
Kleinigkeiten kaufen kann. Einige Nationalparkver-
waltungen betreiben mittlerweile auch eigene Internetseiten.

Beim Wandern, vor allem bei heißen Temperaturen, muss auf die Mitnahme von ausreichend
Wasser geachtet werden. Das Tragen einer **Kopfbedeckung** und das Eincremen mit **Sonnenschutz**
sind selbstverständlich, genauso wie das Tragen von
gut eingelaufenen, knöchelhohen **Wanderschuhen.**

Anhang

◁ Der Genuss der Eukalyptusblätter macht Koalas sehr schläfrig
(126as Abb.: fo, © AndreasEdelmann – Fotolia.com)

Nützliche Websites

Offizielles

- **www.australia.com**
  Die offizielle Seite von Tourism Australia bietet umfangreiche allgemeine Informationen.
- **www.australia.com/JobbenundReisen** und **www.facebook.com/AustralienJobbenReisen**
  Speziell für Leute, die mit einem WHV in Australien jobben möchten, hat Tourism Australia diese informativen Plattformen eingerichtet.
- **www.abc.net.au**
  (Australian Broadcasting Corporation)
  Der wichtigste staatliche Rundfunk- und Fernsehsender bietet auf seiner Website nationale und regionale Nachrichten, Videos und Lese- und Hörtipps sowie Live-Streaming der wichtigsten Radiosender. Die Radiostation für junge Leute heißt Triple J (www.abc.net.au/triplej).

Verzeichnisse und Suchmaschinen

- **www.whereis.com**
- **www.whitepages.com.au**
- **www.yellowpages.com.au**

127as Abb: fo, © Cleobucarest – Fotolia.com

Websites der Bundesstaaten und Territorien

- **www.visitnsw.com** (New South Wales)
- **www.visitcanberra.com.au**
  (Australian Capital Territory)
- **www.tourismtopend.com.au**
  (Northern Territory)
- **www.queenslandholidays.com.au** (Queensland)
- **www.southaustralia.com** (South Australia)
- **www.discovertasmania.com.au** (Tasmania)
- **www.visitvictoria.com** (Victoria)
- **www.westernaustralia.com** (Western Australia)

Allgemeines

- **www.australien-info.de**
  Die umfangreichste deutsche Seite zum Thema
  Australien. Neben dem größten deutschsprachi-
  gen Forum findet man bei diesem Informations-
  service wirklich alles, was man wissen muss. Auf
  dem Laufenden hält einen der informative Newsletter und die Facebook-Gruppe australien-info.
- **www.travellers.com.au**
  Die Website des Travellers Contact Point (auf
  Englisch) bietet zahlreiche Informationen für
  Backpacker. Über das Büro in Sydney kann man
  z. B. auch ein Arrvial Package oder einen Mail
  Forwarding Service buchen.
- **www.reisebine.de**
  Diese Website, die sich nicht nur auf Australien
  beschränkt, bietet neben umfangreichen Informationen (speziell auch zu Work & Travel) und
  vielen persönlichen Tipps auch ein Forum.
- **www.australien-blogger.de**
  Das „Online-Magazin von und für deutsche Auswanderer, Studenten und Reisende in Australien"
  liefert aktuelle Infos zu Themen rund um Australi-
  en. Am besten den Newsletter abonnieren.

Nützliche Websites

- **www.australien-forum.de**
  Der Name ist Programm: Ein Forum, in dem sich alles um Australien dreht.
- **www.die-australienreise.de**
  Die Australienreise berichtet mit aktuellen Kurznachrichten, vielen Reisetipps und lebendigen Hintergrundinformationen über das Land Down Under. Die Australienreise gibt es auch als Magazin im Buchhandel.
- **www.aussiebackpacker.com.au**
  AussieBackpacker war ursprünglich ein kostenloses Print-Magazin für Backpacker. Mittlerweile gibt es nur noch die Website, die aber viele interessante Fakten und Tipps zu Australien bereithält.
- **www.auslandsjob.de**
  Auf dem Infoportal zum Thema Work and Travel kann man u. a. testen, welcher Reisetyp man ist, und somit herausfinden, ob man evtl. eher über eine Organisation buchen sollte oder den Trip selbst organisieren kann. Viele Tipps zur Planung und Infos zu Australien.
- **www.reise-forum.weltreiseforum.de**
  Im Weltreiseforum gibt es „Welt-Reise-Hilfe auf Gegenseitigkeit", allgemeine Infos, aber auch ein spezielles Australien-Forum.
- **www.mojoknows.com.au**
  MojoKnows verspricht mit seinem vielfältigen Angebot einen angenehmen Aufenthalt in Australien. Neben Prepaid-SIM-Karten und Zubehör für Handys sowie Internetlösungen gibt es auch einen Postweiterleitungsservice und Hilfe bei der Beantragung der Steuernummer.
- **www.australiantraveller.com**
  Das Magazin veröffentlicht auf seiner Website in der Rubrik „our favourites" unterhaltsame Listen wie „100 best views in Australia", „100 things to do before you die", „100 things you can only do in Australia" ...

Apps

■ **Time Out Sydney**
Das beliebte Magazin bietet mit seiner App aktuelle Infos zu Veranstaltungen in der australischen Metropole. Dank GPS-Ortung kann man sich Geschäfte, Restaurants und Bars in der näheren Umgebung anzeigen lassen. Wer Inspiration braucht, lässt sich per Zufallsgenerator 10 Sachen/Veranstaltungen vorschlagen (kostenlos, www.au.timeout.com/sydney/apps).

■ **Camps Australia Wide**
Das Team von Camps Australia Wide Publishing hat seinen gedruckten Campingführern nun eine App an die Seite gestellt, die ebenfalls über 6000 legale und zum Teil sogar kostenlose Zelt- und Campingplätze und auch Entsorgungsstellen in einer benutzerfreundlichen und interaktiven Version aufführt (29,99 $ jährliche Gebühr für iOS und Android, www.campsaustraliawide.com).

■ **Pack the Bag – Stressfreies Kofferpacken**
Bereits vor der Abreise hilft diese App, die mit Muster-Checklisten aufwartet und mit der man seine persönlichen Listen zum Abhaken erstellen kann, sodass man nun wirklich nichts Wichtiges mehr vergisst (kostenlos für iOS und Android).

■ **Australian Road Trips**
Wer Australien mit dem Auto erkunden will, erhält mit dieser App Kartenmaterial, zahlreiche Reisetipps zu Sehenswertem entlang der Routen, Unterkunftshinweise und schöne Fotos (3,59 $ für iOS und Android, www.ozyroadtripper.com.au, weitere App: Australia on the Cheap).

■ **Experience WA**
Tourism Western Australia bietet mit dieser App zahlreiche Informationen zu Sehenswürdigkeiten, Restaurants, Kneipen und Unterkünften. Wer sich schlecht entscheiden kann, lässt sich etwas

vorschlagen. Über die Option „Inspire me" wählt man mit einem Schieberegler z. B. aus, wie viel „Relaxation" oder „Adventure" man gerne hätte, ob „Leisure" oder „Cultural", „Low cost" oder „Extravagant" (kostenlos für iOS und Android).

- **Wheaterzone**
Die Macher bezeichnen sie selbst als Australiens beliebteste Wetter-App. Für die App werden Daten des staatlichen Bureau of Meteorology genutzt, die für den Nutzer vielfältig aufbereitet werden (kostenlos für iOS und Android).

Literaturtipps

- Bill Bryson: **Frühstück mit Kängurus,** Goldmann. Reiseberichte der lustigsten Art. Am allerlustigsten wird es, wenn man die selben Orte besucht und Ähnliches erlebt hat.
- Sandy und Gina Rau: **Down Under: Reise durch Australien,** Baumhaus Taschenbuch. Das Buch handelt von den 19-jährigen Zwillingen Sandy und Gina, die ein Jahr lang durch Australien reisen. Abenteuerroman, Reisebericht und Ratgeber in einem.
- Freddy Langer: **Australien,** Ellert & Richter Verlag. In diesem Reiselesebuch finden sich interessante Artikel berühmter, aber auch weniger bekannter Autoren, die ihre Weltsicht über Australien bekunden.
- Robyn Davidson: **Spuren,** Rowohlt. Autobiografischer Roman einer Frau, die ihren Traum lebt. Sie durchquert mit wilden Kamelen das australische Outback. 2013 wurde die Geschichte mit der australischen Schauspielerin Mia Wasikowska in der Hauptrolle sehenswert verfilmt.
- Bruce Chatwin: **Traumpfade,** Fischer. Sehr einfühlsam beschäftigt sich der bekannte Schriftstel-

ler mit dem Leben der Aborigines und der Bedeu-
tung der Traumpfade ihrer Ahnen.
- Doris Pilkington: **Following the Rabbit-Proof
Fence,** Universtiy of Queensland Press. Die Geschichte von drei jungen Aborigines, die vor den
weißen Siedlern zurück zu ihren Familien flüch-
ten, basiert auf wahren Erlebnissen der Mutter
der Autorin und lief bei uns im Kino unter dem
Titel **Long walk home.**
- Sascha Exner: **How to speak Australian,** EPV.
Witziger Sprachführer, der auf alltägliche Situationen Down Under vorbereitet und selbst vor
„heiklen" Themen nicht halt macht.
- Barbara Hess: **Sabbaticals,** Frankfurter Allgemeine Buch. Abstimmung des Sabbatical mit dem
Arbeitgeber, Musterverträge, Checklisten etc.
- Bettina Biedermann, Heribert Dieter (Hrsg.):
Länderbericht Australien, Bundeszentrale für
politische Bildung. Dieses umfassende Werk gibt
einen sehr interessanten und fundierten Einblick
in die Geschichte, Gesellschaft und das politische
System Australiens.
- **360° Australien,** 360° Medien gbr. „Das Magazin mit der Rundum-Perspektive für Urlauber,
Auswanderer und Professionals" bietet neben
interessanten Artikeln auch viele schöne Fotos
und eine dazugehörige informative Website an
(www.360Grad-Australien.de).
- Elfi H. M. Gilissen: **KulturSchock Australien.** Australier und ihre Sicht der Dinge verstehen. **Australien – Auswanderer-Handbuch.** Der informative
Ratgeber für Ausreisewillige. **CityTrip Sydney.**
Der informative Städteführer für die australische
Metropole. Alle drei Titel der Autorin sind im REI-
SE KNOW-HOW Verlag erschienen.

Weitere Titel für die Region

Ausgezeichnet von der Internationalen Tourismusbörse 2010 mit dem Preis "Besondere Reiseführer-Reihe"!

KulturSchock Australien

Elfi H. M. Gilissen
978-3-8317-1630-2
360 Seiten

14,90 Euro [D]

Der Kulturführer beschreibt die Denk- und Verhaltensweisen des Landes. Geschichtliche, religiöse und soziale Hintergründe, die zu diesen Lebensweisen führen, werden erklärt. Familienleben, Moralvorstellungen und Anstandsregeln werden genauso erläutert wie das Verhältnis zum Ausland oder die landestypischen Besonderheiten von Sprache und Musik. Damit bietet das Buch eine Orientierung im Alltag des fremden Landes. Besonders nützlich sind die ausführlichen Verhaltenstipps für Geschäftsreisende, Urlauber und diejenigen, die einen längeren Aufenthalt in Australien planen.

www.reise-know-how.de

Register

Bildnachweis

*Soweit nicht direkt am Bild vermerkt, stehen die Kürzel an den Abbildungen
für folgende Fotografen, Firmen und Einrichtungen. Wir bedanken uns für
die freundliche Abdruckgenehmigung.*

Titelbild: *Bastian Linder, Fotolia.com*   **ab:** *Andrea Buchspieß (Autorin)*

Umschlag hinten und yha: **ad:** *André de Vries*
  Youth Hostel Association   **dt:** *Dreamstime.com*

Umschlagklappe hinten: **fo:** *Fotolia.com*
  Tourism Australia Copyright   **mt:** *Nora Müller-Tamke*

Umschlagklappe vorn und kp: **ta:** *Tourism Australia*
  Katharina Pfeiffer   **tk:** *Tina Künstler*

Die Autorin

Andrea Buchspieß, geboren 1974 in Leipzig, zog es schon oft in die weite Welt. Sei es, um zu reisen, zu studieren oder zu jobben. Ihr liebstes Hobby hat sie zum Beruf gemacht – sie arbeitet mittlerweile in der Reisebuchbranche.

Ihren ersten festen Job nach dem Studium kündigte sie nach zwei Jahren wegen akuten Fernwehs und verbrachte ein Jahr Down Under. Dort lernte sie

010as Abb.: ab

viele Australier kennen und auch Backpacker aus aller Welt. Um den Aufenthalt zu finanzieren, arbeitete sie im Pub einer Bergwerksstadt mitten im Outback, erntete Melonen und probierte sich als Wwoofer im Ziegenmelken und Bäumepflanzen. Nebenbei erkundete sie Australien mit all seinen wunderschönen Landschaften und interessanten Städten. Von ihren Erfahrungen sollen nun die Leser profitieren können.

Von derselben Autorin ist in Zusammenarbeit mit Johanna Kommer auch der Titel „Neuseeland – Reisen und Jobben mit dem Working Holiday Visum" im Reise Know-How Verlag erschienen.

⌂ Die Autorin am Steuer der „Lady Nelson" vor Hobart/Tasmania